Paroles, échanges, conversations et révolution numérique

W0344368

Les thèmes BTS
dans la collection « Étonnants Classiques »

Le Détour
Faire voir : quoi, comment, pour quoi ?
La Fête
Génération(s)
Rire : pour quoi faire ?
Le Sport, miroir de notre société ?

© Éditions Flammarion, 2012.
ISBN : 978-2-0812-7213-2
ISSN : 1269-8822

ÉTONNANTS • CLASSIQUES

Paroles, échanges, conversations et révolution numérique

Présentation, choix des textes, notes et dossier par
Élise CHEDEVILLE et Christophe VAILLANT,
professeurs de lettres

Flammarion

SOMMAIRE

■ Présentation 9

Paroles, échanges, conversations et révolution numérique

I. COMMUNIQUER AVANT LE NUMÉRIQUE

1. À L'ORAL 12
La Rochefoucauld, *Réflexions diverses* 13
La Bruyère, *Les Caractères* 15
François Flahault, « Une manière d'être à plusieurs » 17
Yasmina Reza, *Le Dieu du carnage* 19
Eugène Ionesco, *La Cantatrice chauve* 23

2. À L'ÉCRIT 26
Le genre épistolaire : extrait d'un manuel de français 29
Ghislaine Andreani, *Manuel pratique de la correspondance* 31
Zola, « Lettre à la jeunesse » 33
Guillaume Apollinaire, *Poèmes à Lou* 35
Albert Cohen, *Belle du Seigneur* 38

II. RÉVOLUTION OU ÉVOLUTION ?

1. UNE COMMUNICATION HYBRIDE — 44
Bruno Danton, « Courrier électronique : vers une révolution de l'écriture » 45
Daniel Glattauer, *Quand souffle le vent du nord* 47
Michel Marcoccia, « La politesse et le savoir communiquer sur Internet » 50
Pascal Lardellier, « Textos : la novlangue du cœur » 54
Stéphane Arteta, Charline Blanchard, Jérôme Hourdeaux, Olivier Toscer et Marie Vaton, « Twitter pour les nuls » 57

2. TEMPS ET ÉCHANGES, TEMPS DE L'ÉCHANGE 61
Cécile Wajsbrot, « Ainsi on attend LA lettre » 61
Dino Buzzati, « Une lettre d'amour » 66
Entretien avec Benoît Melançon, « Quelle différence avec la lettre ? Le fétichisme » 71
Marc Escola, « Cliquez, c'est posté » 74
Marie Darrieussecq, « (Dé)connectée » 78

3. ENTRE PROXIMITÉ ET DISTANCE 81
Proust, *Du côté de chez Swann* 82
Marcienne Martin, *Le Langage sur Internet, un savoir-faire ancien numérisé* 86
Philippe Breton, « Internet : une fausse révolution ? » 89
Isaac Asimov, *Face aux feux du soleil* 92
Pascal Lardellier, *Le Cœur Net : célibat et amours sur le Web* 97

III. SOCIABILITÉ NUMÉRIQUE, SOCIABILITÉ SPÉCIFIQUE

1. DU JEU DE MASQUES AU JEU DE RÔLE 100
Molière, *Le Misanthrope* 102
Pierre Mercklé, *Sociologie des réseaux sociaux* 105
Dominique Cardon, *La Démocratie Internet : promesses et limites* 108

Hubert Guillaud, « Comprendre Facebook : le rôle social du bavardage » **111**
Julia Vergely, « De la difficulté de la rupture amoureuse à l'ère des réseaux sociaux » **115**

2. Prendre la parole, prendre le pouvoir ? **119**
David Abiker, « Le Net, ce Far West de la parité… » **119**
Pierre Mercklé, *Sociologie des réseaux sociaux* **122**
Fabien Granjon, « Le Web fait-il les révolutions ? » **125**
Sophie Lehrm, « Mon "friend" est-il mon ami ? » **129**
Sophian Fanen et Camille Gévaudan, « Anonymous, attaques en masques » **132**
Lauren Provost, « Hamza Kashgari, Cheng Jianping, Park Jeong-Geun… : les martyrs de Twitter » **135**

3. Parole partagée, parole destituée ? **139**
Jean-François Dortier, « Voyage au cœur de Wikipédia » **140**
Entretien avec Olivier Bomsel, « C'est la première fois depuis cinq mille ans qu'on invente une nouvelle écriture » **144**
Yves Eudes, « Un blogueur peut en cacher un autre » **146**
Dominique Cardon, « Vertus démocratiques de l'Internet » **150**
Stieg Larsson, *Millénium*, *Les hommes qui n'aimaient pas les femmes* **153**

Dossier **159**

PRÉSENTATION

Paroles, échanges, conversations et révolution numérique

Aujourd'hui, on compte entre quinze et vingt millions de blogs pour le territoire national, plus d'un Français sur deux est un utilisateur régulier d'Internet, plus de trente-quatre millions d'habitants recourent aux services multimédias de leur téléphone portable (Internet, e-mail) et quarante et un milliards de SMS ont été émis en France au cours du seul dernier trimestre 2011 [1]. Envoyer un courrier électronique ou un SMS, consulter Facebook pour prendre des nouvelles d'un « ami » ou « tweeter » son ressenti sur les dernières élections présidentielles est devenu presque plus banal que d'écrire une lettre, voire de téléphoner.

Il semble que l'homme moderne soit passé du statut d'*homo sapiens* à celui *d'homo numericus*, troquant par là même les anciennes modalités d'échange qui structuraient sa

1. Source : Autorité de régulation des communications électroniques et des postes.

vie sociale contre de nouveaux moyens qui répondent toutefois toujours au même besoin, essentiel pour son espèce : communiquer. En quoi ces nouveaux moyens modifient-ils ses codes langagiers ? En quoi transforment-ils sa façon de penser la construction de soi, les relations humaines, les interactions avec les autres et le monde ? Ces changements correspondent-ils à une simple évolution ou à un bouleversement en profondeur des échanges ? C'est à ces différentes questions que notre anthologie entend répondre.

I. Communiquer avant le numérique

Le récent développement du numérique a entraîné une accélération et une augmentation des flux d'échanges. Au point qu'il n'est pas rare d'entendre dire aujourd'hui qu'il favorise l'interaction entre individus. Mais le désir de communiquer avec les autres est-il nouveau ?

Bien avant le règne du clavier, les hommes ont fait de la communication un enjeu primordial. Tout d'abord, elle est une condition de leur sociabilité (les philosophes grecs ont mis en lumière la nécessité d'échanger pour se constituer en société, pour se comprendre et mieux vivre ensemble). Si nous ne communiquons plus, nous devenons des êtres esseulés, guettés par l'effacement et la mort.

Ensuite, communiquer, ce n'est pas seulement engager un rapport avec les autres ; c'est aussi, en retour, se construire soi-même, en tant qu'individu. De ce point de vue, c'est une action essentielle dans la connaissance et l'affirmation de soi. Socrate (Ve siècle av. J.-C.) et, à sa suite, Castiglione (1478-1529), Montaigne (1533-1592) et les moralistes du XVIIe siècle soulignent que la conversation est l'art de se confronter à autrui, visant à enrichir et renforcer l'identité du sujet. Certes, des écrivains ont remis en cause ce bel idéal : Proust (1871-1922), Tardieu (1903-1995) ou encore Beckett (1906-1989) ont montré que le dialogue pouvait n'être qu'un vain bavardage. En effet, converser ne signifie pas forcément échanger : il n'y a échange que s'il y a compréhension mutuelle, partage avec l'autre, ce que rendent difficile certains de nos travers – la recherche de puissance, le refus de s'ouvrir aux autres, le goût du mensonge et de la séduction, entre autres. Que l'on songe au film *Ridicule* (1996), de Patrice Leconte, où jeux de mots riment avec jeux de dupes ! Mais tous ces exemples disent tous l'enjeu capital associé à la communication.

Si la révolution numérique n'a pas créé notre désir de communiquer, on peut s'interroger sur les modifications qu'elle a opérées dans notre appréhension de la parole, de l'échange et de la conversation. Pour comprendre ces changements, il convient de circonscrire notre façon de communiquer avant l'avènement du numérique. Cela revient à s'intéresser aux codes auxquels nous nous référons pour communiquer, à l'écrit et à l'oral.

1. À l'oral

Quels codes régissent nos échanges à l'oral ? Si, depuis l'Antiquité, les hommes s'accordent à reconnaître les vertus de la conversation et l'intérêt que l'on peut trouver à discuter à plusieurs sur des thèmes variés, ce n'est véritablement qu'à partir du XVIIe siècle que les écrivains s'interrogent sur les codes qui gouvernent ces échanges et en font le lieu d'une sociabilité première et identitaire. À cette époque, la conversation envahit notamment les salons des précieuses : dans un langage recherché, les femmes de la haute société se réunissent pour parler littérature et sentiments, comme le montre la gravure reproduite p. 85. Signe de formation intellectuelle et de distinction sociale, la conversation devient une marque de savoir-vivre. Ainsi, dans sa réflexion « De la conversation » (p. 13), le moraliste La Rochefoucauld identifie l'honnête homme à sa capacité à maîtriser les règles de cette parole partagée. À la même époque, La Bruyère dresse le portrait satirique de l'importun, qui, au contraire, méconnaît les codes de conduite et de communication en société (p. 15).

Au XXe siècle, les enjeux de la communication verbale sont théorisés par le linguiste russe Jakobson (dossier, p. 167). En 1999, dans un ouvrage consacré à la conversation, le philosophe François Flahault (p. 17) actualise la pensée des moralistes du XVIIe siècle, identifiant dans l'acceptation de codes partagés la condition – mais non la garantie – du bon déroulement d'un échange : notre inconscient suffit à parasiter ce dernier. C'est ce qu'illustre Yasmina Reza dans sa pièce *Le Dieu du carnage* (p. 19) : bien que respectant les codes policés de la conversation courante, les personnages monopolisent tour à tour la parole et en font un instrument de violence.
Cette remise en cause des vertus de la conversation trouve son aboutissement dans *La Cantatrice chauve* (p. 23) où Ionesco met en scène une parole qui bascule dans l'absurde, prouvant ainsi l'incapacité des êtres à communiquer et à construire du sens.

■ La Rochefoucauld, *Réflexions diverses* (1679)

Noble engagé contre la politique du cardinal Richelieu (principal ministre de Louis XIII) puis contre celle du cardinal Mazarin lors de la Fronde [1], François de La Rochefoucauld (1613-1680) subit l'inimitié du jeune Louis XIV. Bien que rentré en grâce à la cour en 1659, c'est dans les salons qu'il trouve l'environnement propice au développement de ses activités mondaines et littéraires. De leur fréquentation, il tire deux ouvrages majeurs : *Réflexions ou sentences et maximes* (1664) et *Réflexions diverses* (publiées à titre posthume en 1731). Moraliste, c'est-à-dire avant tout « psychologue » et « sociologue », La Rochefoucauld entend observer les hommes pour mettre à nu les vrais ressorts de leur conduite. Dans un article de ses *Réflexions diverses*, il s'attache à définir les codes de la conversation et fait de leur maîtrise une qualité de l'honnête homme.

1. ***Fronde*** : soulèvement d'une partie de la noblesse entre 1648 et 1653, pendant la minorité de Louis XIV et le gouvernement de Mazarin, mettant en question l'œuvre de Richelieu et la monarchie absolue.

[Savoir converser, c'est savoir être à l'écoute de l'autre]

Ce qui fait que si peu de personnes sont agréables dans la conversation, c'est que chacun songe plus à ce qu'il veut dire qu'à ce que les autres disent. Il faut écouter ceux qui parlent, si on en veut être écouté ; il faut leur laisser la liberté de se faire entendre, et même de dire des choses inutiles. Au lieu de les contredire ou de les interrompre, comme on fait souvent, on doit, au contraire, entrer dans leur esprit et dans leur goût, montrer qu'on les entend, leur parler de ce qui les touche, louer ce qu'ils disent autant qu'il mérite d'être loué, et faire voir que c'est plus par choix qu'on le loue que par complaisance. Il faut éviter de contester sur des choses indifférentes, faire rarement des questions inutiles, ne laisser jamais croire qu'on prétend avoir plus de raison que les autres, et céder aisément l'avantage de décider.

On doit dire des choses naturelles [1], faciles et plus ou moins sérieuses, selon l'humeur et l'inclination [2] des personnes que l'on entretient, ne les presser pas d'approuver ce qu'on dit, ni même d'y répondre. Quand on a satisfait de cette sorte aux devoirs de la politesse, on peut dire ses sentiments, sans prévention [3] et sans opiniâtreté [4], en faisant paraître qu'on cherche à les appuyer de l'avis de ceux qui écoutent.

Il faut éviter de parler longtemps de soi-même, et de se donner souvent pour exemple. On ne saurait avoir trop d'application à connaître la pente et la portée [5] de ceux à qui on parle, pour se joindre à l'esprit de celui qui en a le plus, et pour ajouter ses pensées aux siennes, en lui faisant croire, autant qu'il est

1. ***Naturelles*** : dictées par l'expérience ou le bon sens.
2. ***Inclination*** : goût.
3. ***Sans prévention*** : sans préjugé.
4. ***Opiniâtreté*** : obstination.
5. ***La pente et la portée*** : l'opinion et l'intelligence.

possible, que c'est de lui qu'on les prend. Il y a de l'habileté à n'épuiser pas les sujets qu'on traite, et à laisser toujours aux autres quelque chose à penser et à dire.

On ne doit jamais parler avec des airs d'autorité, ni se servir de paroles et de termes plus grands que les choses. On peut conserver ses opinions, si elles sont raisonnables ; mais en les conservant, il ne faut jamais blesser les sentiments des autres, ni paraître choqué de ce qu'ils ont dit. Il est dangereux de vouloir être toujours le maître de la conversation, et de parler trop souvent d'une même chose ; on doit entrer indifféremment sur tous les sujets agréables qui se présentent, et ne faire jamais voir qu'on veut entraîner la conversation sur ce qu'on a envie de dire.

Maximes et réflexions diverses, « De la conversation », IV,
GF-Flammarion, 1999.

Analyse et perspectives

1. Pour l'auteur, quels sont les principes à respecter pour mener à bien une conversation ?
2. Après avoir recherché la définition de l'honnête homme au XVIIe siècle, expliquez en quoi ces principes sont conformes à l'idéal attaché à ce dernier.
3. Confrontez ces règles avec celles énoncées dans les manuels de conversation modernes. Que constatez-vous ?

■ La Bruyère, *Les Caractères* (1688)

Jean de La Bruyère (1645-1696) est l'homme d'un seul livre, *Les Caractères ou les Mœurs de ce siècle* (1688). Issu de la petite bourgeoisie, introduit dans la haute société grâce à son activité de précepteur, il est propulsé sur le devant de la scène littéraire par le succès des *Caractères*. Dans cette œuvre, il tente de décrire l'être humain en explorant ses singularités, ses contradictions et ses faiblesses. Excellant dans les portraits moraux et satiriques, il se livre à une peinture de la « comédie humaine [1] » de son époque. Bref apologue, le chapitre « De la société et de la conversation » est l'occasion pour La Bruyère de dresser un portrait type, celui d'Arrias, véritable tare de la conversation : ce « monsieur je-sais-tout » ne respecte aucun de ses usages. Peut-on parler d'échange lorsque la parole s'exprime sans retenue ni maîtrise ?

[Arrias a tout lu, a tout vu]

Arrias a tout lu, a tout vu, il veut le persuader ainsi ; c'est un homme universel [2], et il se donne pour tel : il aime mieux mentir que de se taire ou de paraître ignorer quelque chose. On parle à la table d'un Grand [3] d'une cour du Nord : il prend la parole, et l'ôte à ceux qui allaient dire ce qu'ils en savent ; il s'oriente dans cette région lointaine comme s'il en était originaire ; il discourt des mœurs de cette cour, des femmes du pays, de ses lois et de ses coutumes ; il récite [4] des historiettes qui y sont arrivées ; il les trouve plaisantes, et il en rit le premier jusqu'à éclater. Quelqu'un se hasarde de le contredire, et lui prouve nettement qu'il dit des choses qui ne sont pas vraies. Arrias ne se trouble point, prend feu [5] au contraire contre l'interrupteur : « Je n'avance, lui dit-il, je ne raconte rien que je ne sache d'original [6] : je l'ai appris de *Sethon*, ambassadeur de France dans cette cour, revenu à Paris depuis quelques jours, que je connais familièrement, que j'ai fort interrogé, et qui ne m'a caché aucune circonstance. » Il reprenait le fil de sa narration avec plus de confiance qu'il ne l'avait commencée, lorsque l'un des conviés

---

1. Par référence au projet de Balzac visant à enfermer l'esprit d'une époque dans une œuvre littéraire.
2. ***Universel*** : qui sait tout.
3. ***Grand*** : aristocrate.
4. ***Récite*** : raconte.
5. ***Prend feu*** : s'emporte.
6. ***D'original*** : de source sûre.

lui dit : « C'est Sethon à qui vous parlez, lui-même, et qui arrive de son ambassade. »

Les Caractères, « De la société et de la conversation »,
Flammarion, coll. « Étonnants Classiques », 2008.

Analyse et perspectives

1. En quoi l'attitude d'Arrias va-t-elle à l'encontre des règles de savoir-vivre, de politesse et de modestie qui prévalent au XVIIe siècle ?
2. Analysez l'efficacité de la chute.
3. Le trait de caractère relevé chez Arrias est-il fréquent chez l'homme ? En quoi notre éducation essaie-t-elle de le modérer ?

■ François Flahault, « Une manière d'être à plusieurs » (1999)

Dans sa contribution à un ouvrage collectif sur la conversation, François Flahault, directeur de recherche au CNRS, intervenant au Centre de recherches sur les arts et le langage, aborde le thème de l'échange oral d'un point de vue philosophique : qu'apporte le fait de converser à plusieurs ? Quelle est la bonne mesure entre soi et les autres ? Dans l'extrait suivant, il rappelle que, pour suivre un bon déroulement, la conversation doit se conformer à un certain nombre de règles, héritières de celles définies par les moralistes : converser à plusieurs et y trouver du plaisir suppose d'accepter une forme de coordination, de consentir à entrer dans un jeu social. Mais est-ce suffisant ?

[De l'insuffisance des principes moraux dans l'art de converser]

Si le respect de ces « lois » est nécessaire à la bonne marche de la conversation, il n'est pas suffisant […] pour que se déploie le plaisir d'être à plusieurs. Aborder une conversation en partant du principe qu'il faut bien accepter d'écouter si l'on veut bénéficier à son tour du droit de parler, cela reste une approche légaliste et contractuelle. Dans les situations où l'échange de paroles répond à un objectif pédagogique, professionnel ou politique, on se contente généralement de ce légalisme. Mais dans la conversation que l'on a pour le plaisir, il doit être dépassé. [...] Le profit premier que l'on tire d'une conversation agréable, c'est la manière d'exister qu'elle apporte. Quant au profit que l'on peut tirer des choses qui s'y disent, il dépend lui aussi de cette manière d'être à plusieurs, car c'est celle-ci qui permet de dire ce que l'on n'aurait pas dit dans le cadre d'une autre manière d'être. Le profit intellectuel ne vient pas seulement de ce que les autres nous communiquent leurs pensées ; il provient aussi de ce que, stimulés par la conversation, ceux qui y participent ne pensent pas de la même manière que lorsqu'ils sont seuls. De sorte qu'ils sont parfois conduits à dire quelque chose qu'ils ne pensaient pas encore ou qu'ils ne savaient pas qu'ils pensaient.

Le fait que le respect des principes de morale que j'ai énoncés plus haut soit nécessaire à la vie de la conversation *mais non suffisant* a des conséquences philosophiques non négligeables.

D'abord, en effet, nous sommes habitués à penser que si la morale pouvait l'emporter sur l'intérêt, les relations entre les humains seraient les meilleures qu'elles puissent être. L'observation des faits de conversation ne confirme pas cette conception : nous avons vu que, pour que la mayonnaise de la conversation prenne, faire ce qui dépend de notre volonté ne suffit pas ; il faut aussi que nous entrions dans un rapport favorable avec des ressources qui ne dépendent pas de notre volonté (ce surcroît qui ne peut être atteint que s'il n'est pas visé).

Ensuite, il est facile de constater que la bonne volonté et l'effort moral ne suffisent pas pour que chacun se conforme aux règles dont j'ai parlé. Souvent, à propos du comportement de quelqu'un dans la conversation, nous disons qu'il (elle) ne peut pas s'empêcher de…, que c'est plus fort que lui (elle), etc. Autrement dit, nous constatons quotidiennement (sinon sur nous-mêmes, en tout cas chez les autres) que la propension à trop parler, à vouloir avoir raison ou à tirer vers soi le terrain de la conversation s'exerce non seulement spontanément, mais inconsciemment. De sorte que la volonté délibérée de respecter les principes moraux de la conversation ne nous permet même pas de prendre conscience de la propension que nous pouvons avoir à les transgresser. *A fortiori* ne suffit-elle pas à nous en corriger.

« Une manière d'être à plusieurs », in *La Conversation*, dir. Gérald Cahen, © Autrement, coll. « Mutations », 1999, p. 77-78.

Analyse et perspectives

1. Pour l'auteur, quelles sont les conditions nécessaires à la bonne marche d'une conversation ?
2. En quoi ces impératifs ne sont-ils toutefois pas suffisants ?
3. Êtes-vous d'accord avec la thèse de l'auteur ? Justifiez votre propos.

■ Yasmina Reza, *Le Dieu du carnage* (2006)

Nee en 1959, Yasmina Reza a étudié le théâtre et la sociologie. Récits, romans, scénarios pour le cinéma, pièces de théâtre... son œuvre est extrêmement variée. Sa pièce *Le Dieu du carnage* (2006) a été adaptée au cinéma en 2011 par le réalisateur Roman Polanski, sous le titre *Carnage* (voir p. 2 de couverture) : le film a reçu le César de la meilleure adaptation. L'histoire met en scène deux couples, Alain et Annette d'un côté, Michel et Véronique de l'autre, qui se rencontrent pour « régler à l'amiable » les suites d'une bagarre entre leurs enfants. Insidieusement, la discussion vire à l'affrontement : les parents se critiquent mutuellement et les couples se délitent. Situé dans le dernier tiers de la pièce, cet extrait témoigne des limites des vertus de la conversation : à travers le langage, le vernis de la civilisation s'écaille pour laisser place à des pulsions plus primitives...

[Parler pour se faire la guerre]

ALAIN. – Mais qu'est-ce que tu as !

ANNETTE. – Ta tendresse me touche.

ALAIN. – Je m'inquiète !

ANNETTE. – Excuse-moi. Je n'avais pas compris.

ALAIN. – Oh Annette, je t'en prie ! On ne va pas s'y mettre nous aussi ! Ils s'engueulent, leur couple est déliquescent [1], on n'est pas obligés de leur faire concurrence !

VÉRONIQUE. – Qu'est-ce qui vous permet de dire que notre couple est déliquescent ! De quel droit ?

ALAIN (portable vibre). – ... On vient de me le lire. On vous l'envoie Maurice... Manipulation, manipulation du cours. À tout de suite. *(raccroche)*... Ce n'est pas moi qui le dis c'est François.

VÉRONIQUE. – Michel.

ALAIN. – Michel, pardon.

VÉRONIQUE. – Je vous défends de porter le moindre jugement sur notre famille.

ALAIN. – Ne portez pas de jugement sur mon fils non plus.

VÉRONIQUE. – Mais ça n'a rien à voir ! Votre fils a brutalisé le nôtre !

ALAIN. – Ils sont jeunes, ce sont des gamins, de tout temps les gamins se sont castagnés dans les cours de récré. C'est une loi de la vie.

VÉRONIQUE. – Non, non !...

---

1. ***Déliquescent*** : en perte de cohésion, en état de décadence avancée.

ALAIN. – Mais si. Il faut un certain apprentissage pour substituer le droit à la violence. À l'origine je vous rappelle, le droit c'est la force.

VÉRONIQUE. – Chez les hommes préhistoriques peut-être. Pas chez nous.

ALAIN. – Chez nous ! Expliquez-moi chez nous.

VÉRONIQUE. – Vous me fatiguez, je suis fatiguée de ces conversations.

ALAIN. – Véronique, moi je crois au dieu du carnage. C'est le seul qui gouverne, sans partage, depuis la nuit des temps. Vous vous intéressez à l'Afrique n'est-ce pas… *(à Annette qui a un haut-le-cœur)*… Ça ne va pas ?…

ANNETTE. – Ne t'occupe pas de moi.

ALAIN. – Mais si.

ANNETTE. – Tout va bien.

ALAIN. – Il se trouve que je reviens du Congo, voyez-vous. Là-bas, des gosses sont entraînés à tuer à l'âge de huit ans. Dans leur vie d'enfant, ils peuvent tuer des centaines de gens, à la machette, au twelve [1], au kalachnikov, au *grenade launcher* [2], alors comprenez que lorsque mon fils casse une dent, même deux, à un camarade avec une tige de bambou, square de l'Aspirant-Dunant [3], je sois moins disposé que vous à l'effroi et à l'indignation.

VÉRONIQUE. – Vous avez tort.

ANNETTE *(accentuant l'accent anglais)*. – *Grenade launcher* !…

ALAIN. – Oui, c'est comme ça que ça s'appelle.

Annette crache dans la cuvette.

MICHEL. – Ça va ?

ANNETTE. – … Parfaitement.

---

1. ***Twelve*** : fusil semi-automatique à cinq coups.
2. ***Grenade launcher*** : lance-grenade.
3. ***Square de l'Aspirant-Dunant*** : jardin public du 4e arrondissement de Paris. C'est dans ce lieu que les enfants se sont disputés.

ALAIN. – Mais qu'est-ce que tu as ? Qu'est-ce qu'elle a ?

ANNETTE. – C'est de la bile ! C'est rien !

VÉRONIQUE. – Ne m'apprenez pas l'Afrique. Je suis très au fait du martyre africain, je suis plongée dedans depuis des mois…

ALAIN. – Je n'en doute pas. D'ailleurs le procureur de la C.P.I. [1] a ouvert une enquête sur le Darfour [2].

VÉRONIQUE. – Vous ne pensez pas me l'apprendre ?

MICHEL. – Ne la lancez pas là-dessus ! Par pitié !

Véronique se jette sur son mari et le tape, plusieurs fois, avec un désespoir désordonné et irrationnel.

Alain la tire.

ALAIN. – Je commence à vous trouver sympathique vous savez !

VÉRONIQUE. – Pas moi !

MICHEL. – Elle se déploie pour la paix et la stabilité dans le monde.

VÉRONIQUE. – Tais-toi !

Annette a un haut-le-cœur

Elle prend son verre de rhum et le porte à sa bouche.

MICHEL. – Vous êtes sûre ?

ANNETTE. – Si, si, ça me fera du bien.

Véronique l'imite.

VÉRONIQUE. – Nous vivons en France. Nous ne vivons pas à Kinshasa [3] ! Nous vivons en France avec les codes de la société occidentale. Ce qui se passe square de l'Aspirant-Dunant relève des valeurs de la société occidentale ! À laquelle, ne vous déplaise, je suis heureuse d'appartenir !

---

1. ***C.P.I.*** : Cour pénale internationale.

2. ***Darfour*** : région située à l'ouest du Soudan et marquée depuis 2003 par une guerre civile.

3. ***Kinshasa*** : capitale de la République démocratique du Congo.

MICHEL. – Battre son mari doit faire partie des codes…
VÉRONIQUE. – Michel, ça va mal se terminer.
ALAIN. – Elle s'est jetée sur vous avec une furia. À votre place, je serais attendri.

Le Dieu du carnage, © Albin Michel, 2007, p. 97-101.

Analyse et perspectives

1. Quelles sont les forces en présence dans cette conversation ? Qu'est-ce qui les oppose ?
2. À quoi voit-on que la conversation dégénère ?
3. Selon vous, l'échange verbal peut-il être une alternative à la violence ?

■ Eugène Ionesco, *La Cantatrice chauve* (1950)

Homme de lettres français d'origine roumaine, Eugène Ionesco (1909-1994) est considéré comme le précurseur du théâtre de l'absurde. *La Cantatrice chauve* est une pièce en un acte emblématique du genre, qui met en scène des hommes égarés dans un univers sans logique, où le langage tourne à vide. Si l'œuvre essuie un échec lors de sa création en 1950, elle fait désormais figure de classique : depuis 1957, elle occupe sans interruption l'affiche du théâtre de la Huchette, à Paris. L'auteur illustre l'impossibilité de communiquer, à travers des dialogues qui sont la parodie d'un manuel de conversation anglaise. Dans la dernière scène, le dialogue de sourds entre les personnages atteint son apogée. Ils échangent des paroles sans suite, rapprochées parfois par les sons, qui se fondent à la fin dans un ensemble choral ne transmettant plus qu'un sentiment d'excitation et d'agressivité.

[Parler, c'est ne plus s'entendre]

Scène 11

À la suite de cette dernière réplique de M. Smith, les autres se taisent un instant, stupéfaits. On sent qu'il y a un certain énervement. Les coups que frappe la pendule sont plus nerveux aussi. Les répliques qui suivent doivent être dites, d'abord, sur un ton glacial, hostile. L'hostilité et l'énervement iront en grandissant. À la fin de cette scène, les quatre personnages devront se trouver debout, tout près les uns des autres, criant leurs répliques, levant les poings, prêts à se jeter les uns sur les autres. [...]

MME MARTIN. – Touche pas ma babouche !

M. MARTIN. – Bouge pas la babouche !

M. SMITH. – Touche la mouche, mouche pas la touche.

MME MARTIN. – La mouche bouge.

MME SMITH. – Mouche ta bouche.

M. MARTIN. – Mouche le chasse-mouche, mouche le chasse-mouche.

M. SMITH. – Escarmoucheur [1] escarmouché !

MME MARTIN. – Scaramouche [2] !

MME SMITH. – Sainte-Nitouche [3] !

MME MARTIN. – Sainte Nitouche touche ma cartouche.

MME SMITH. – N'y touchez pas, elle est brisée.

M. MARTIN. – Sully !

M. SMITH. – Prudhomme [4] !

MME MARTIN, M. Smith. – François.

MME SMITH, M. Martin. – Coppée [5].

MME MARTIN, M. Smith. – Coppée Sully !

---

1. ***Escarmoucheur*** : celui qui va à l'escarmouche, au-devant de l'avant-garde ennemie lors d'un conflit.
2. ***Scaramouche*** : l'un des plus anciens personnages de la comédie-italienne.
3. ***Sainte-Nitouche*** : expression désignant une personne hypocrite, qui dissimule ses défauts sous les apparences de la sagesse et de la dévotion.
4. ***Sully Prudhomme*** (1839-1907) : poète français.
5. ***François Coppée*** (1842-1908) : poète français.

MME SMITH, M. Martin. – Prudhomme François.

MME MARTIN. – Espèces de glouglouteurs, espèces de glouglouteuses.

M. MARTIN. – Mariette, cul de marmite !

MME SMITH. – Khrishnamourti, Khrishnamourti, Khrishnamourti[1] !

M. SMITH. – Le pape dérape ! Le pape n'a pas de soupape. La soupape a un pape.

MME MARTIN. – Bazar, Balzac, Bazaine[2] !

M. MARTIN. – Bizarre, beaux-arts, baisers !

M. SMITH. – A, c, i, o, u, a, c, i, o, u, a, c, i, o, u, i !

MME MARTIN. – B, c, d, f, g, l, m, n, p, r, s, t, v, w, x, z !

M. MARTIN. – De l'ail à l'eau, du lait à l'ail !

MME SMITH, *imitant le train*. – Teuff, teuff, teuff, teuff, teuff, teuff, teuff, teuff, teuff, teuff, teuff !

M. SMITH. – C'est !

MME MARTIN. – Pas !

M. MARTIN. – Par !

MME SMITH. – Là !

M. SMITH. – C'est !

MME MARTIN. – Par !

M. MARTIN. – I !

MME SMITH. – Ci !

Tous ensemble, au comble de la fureur, hurlent les uns aux oreilles des autres. La lumière s'est éteinte. Dans l'obscurité on entend sur un rythme de plus en plus rapide :

TOUS ENSEMBLE. – C'est pas par là, c'est par ici, c'est pas par là, c'est par ici, c'est pas par là, c'est par ici, c'est pas par là,

1. ***Khrisnamourti*** (1895-1986) ou ***Khrishnamurti*** : philosophe indien, promoteur d'une éducation alternative.
2. ***Bazaine*** (1811-1888) : maréchal de France.

c'est par ici, c'est pas par là, c'est par ici, c'est pas par là, c'est par ici !

Les paroles cessent brusquement. De nouveau, lumière. M. et Mme Martin sont assis comme les Smith au début de la pièce. La pièce recommence avec les Martin, qui disent exactement les répliques des Smith dans la première scène, tandis que le rideau se ferme doucement.

RIDEAU

La Cantatrice chauve, © Gallimard, coll. « Folio », 1984, p. 77-81.

Analyse et perspectives

1. Recherchez les liens syntaxiques et lexicaux qui justifient l'enchaînement des répliques.
2. À quoi voit-on néanmoins que l'on bascule peu à peu dans l'absurde ?
3. Selon vous, est-il fréquent de « parler pour ne rien dire » ?

2. À l'écrit

La communication ne se limite pas à l'oralité ; elle peut aussi emprunter la forme écrite, que ce soit par nécessité (absence physique de l'autre) ou par goût. Antérieure à la révolution numérique, la lettre constitue le support privilégié de ce mode de communication. Mais la correspondance engage-t-elle les mêmes codes et enjeux que la conversation ?

Alors qu'à l'oral, le discours est instantané, à l'écrit, la correspondance est caractérisée par une réception différée : elle engage un dialogue à distance et laisse ainsi aux épistoliers le temps de la

© Bernard Michel Palazon/CDDS Enguerand

■ Photo d'une représentation de *La Cantatrice chauve* mise en scène en 2009 par François Berreur au théâtre de l'Athénée à Paris. Pourtant assis les uns à côté des autres, dans l'environnement convivial d'un salon, les personnages de la pièce de Ionesco ne parviennent pas à communiquer.

réflexion. Malgré des codes qui lui sont propres, elle recouvre cependant certains des enjeux de l'échange oral : dans les deux cas, la réussite de l'échange dépend de conditions similaires – la fidélité à soi-même, l'adaptation à l'autre et au cadre de la communication. Quelles que soient ses différentes appellations (missive, billet, message, faire-part, carte postale, télégramme...), la lettre peut également, comme la conversation, avoir un caractère privé, intime, ou public, administratif et officiel.

Impliquant la présence d'un expéditeur, d'un destinataire et d'un message, elle répond aussi au schéma de communication défini par Jakobson (dossier, p. 167). Dès l'Antiquité, on en a fait un genre littéraire : l'épistolaire, rassemblant des correspondances authentiques ou fictives. Ce dernier est l'objet de nombreuses études littéraires dont le mérite est de préciser les caractéristiques, les formes et les fonctions de la lettre (p. 29). Les manuels pratiques, eux, proposent des modèles de correspondance pour les différentes situations de la vie (p. 31).

Cet exemple de correspondance privée (qu'elle soit ou non fictive) ne doit pas faire oublier un autre type de lettre, celui de la lettre ouverte, comme celle qu'adressa Zola à la jeunesse en 1897 lors de l'affaire Dreyfus (p. 33), destinée à toucher un plus large public, posant ainsi la question des limites de l'échange épistolaire : si le destinateur est démultiplié et ne répond pas, peut-on toujours parler de réciprocité, donc d'échange ?

Mais la lettre n'est pas qu'un message, qu'un contenu transitant d'une personne à une autre, c'est aussi un objet qui établit un lien physique entre le destinateur et le destinataire, étant écrite par l'un et lue par l'autre. Ainsi, l'émetteur peut choisir de personnaliser son message par un jeu sur la matérialité de la lettre, comme le fait Apollinaire dans ses *Poèmes à Lou* (p. 35). Le récepteur, quant à lui, peut choisir de ritualiser le moment de lecture, de conserver, relire et adorer la lettre, à l'image d'Ariane qui chérit la missive de son amant dans *Belle du Seigneur* (p. 38).

■ Le genre épistolaire : extrait d'un manuel de français (2004)

Codifié mais varié, l'échange par lettres a inspiré de nombreux écrivains, ce qui explique l'intérêt que lui portent régulièrement les programmes scolaires. Extrait d'un manuel de français, le texte suivant rappelle les spécificités et enjeux de toute correspondance.

[Codes, formes et fonctions de la lettre]

1. LES CODES ET LES CARACTÉRISTIQUES DE LA LETTRE

Une communication différée

La lettre s'apparente à un **dialogue écrit** ; mais il s'écoule un certain temps entre son écriture et sa lecture : c'est une communication différée, et non immédiate.

Elle met en contact un **locuteur**, l'épistolier, et un **destinataire**, son correspondant, séparés dans l'espace et dans le temps. Souvent, la lettre cherche à combler cette distance.

L'énoncé est fortement **ancré** dans la **situation d'énonciation** et renvoie à des éléments du contexte. Plus la correspondance est intime, plus la part d'implicite est importante.

Les règles de composition

On identifie une lettre grâce à la disposition spatiale du texte sur la feuille de papier, et à des formules d'introduction et de conclusion spécifiques. La correspondance intime obéit à des codes moins rigoureux qu'une correspondance officielle, mais suit une **structure** assez stable : le début de la lettre (**exorde**) vise à s'assurer la bienveillance du destinataire ; il englobe la formule d'adresse, une mise en situation et l'annonce du sujet. Viennent ensuite la **narration** ou l'**argumentation**, et enfin la **conclusion** (récapitulation et formule de congé).

Les codes de la communication

L'écriture de la lettre est adaptée à une situation de communication donnée. L'épistolier tient compte de la **position sociale** du destinataire, des **relations** qui l'unissent à lui. Cela se manifeste par le choix du vouvoiement ou du tutoiement, des formules d'adresse et de politesse, du niveau de langue et des thèmes abordés. Le non-respect de ces conventions, dans un texte littéraire, est toujours riche de sens.

2. FORMES ET FONCTIONS DES LETTRES

Les types de lettres

Selon la nature des relations locuteur-destinataire, on distingue :

– **la correspondance intime** : lettre d'amour au sens large (entre amants, époux, parents et enfants, frères et sœurs), lettre familière envoyée aux proches parents, aux amis… ;

– **la correspondance « distanciée »**, c'est-à-dire destinée à une simple relation (supérieur, collègue, connaissance) : lettre commerciale, administrative, professionnelle… ;

– **la correspondance « ouverte »**, destinée à toucher un plus vaste public que le destinataire parfois mentionné : l'**épître**, la **lettre ouverte** (comme le *J'accuse* de Zola, lettre adressée publiquement au président Félix Faure, en 1898).

Les fonctions de la lettre [1]

La fonction référentielle (ou informative)

Une lettre vise d'abord à transmettre des informations. On écrit pour annoncer un événement important, donner des nouvelles. Jusqu'au siècle dernier, la lettre servait souvent de chronique : elle permettait de diffuser l'actualité (Mme de Sévigné, *Lettres au marquis de Pomponne sur le procès de Fouquet*, 1664).

1. Voir le schéma de Jakobson reproduit dans le dossier, p. 167.

La fonction expressive

La lettre constitue un moyen privilégié d'exprimer ses sentiments : elle accorde une large place à la subjectivité de l'épistolier, qui utilise les registres lyrique, pathétique ou polémique (Calamity Jane, *Lettres à sa fille*, 1877-1902).

La fonction injonctive

La lettre permet de communiquer un point de vue et d'argumenter pour le faire partager. Elle est souvent utilisée pour agir sur l'opinion et la conscience du destinataire (Rousseau, *Lettre à d'Alembert sur les spectacles*, 1758).

Ces trois fonctions se mêlent souvent dans une même lettre. Elles peuvent en outre se combiner avec une **fonction poétique,** quand les lettres procurent à leurs lecteurs un plaisir esthétique et que leur qualité d'écriture retient autant l'attention que le message lui-même.

Méthodes et pratiques. 2de-1re, Livre de français, dir. Denis Labouret, © Bordas, 2004, p. 204-205.

Analyse et perspectives

1. Dans quel cadre vous arrive-t-il d'écrire des lettres ? Les codes et fonctions de votre correspondance diffèrent-ils de ceux énoncés ci-dessus ?
2. Recherchez et confrontez quelques exemples de correspondances fictives. Selon vous, quel est l'intérêt pour un romancier de privilégier la forme de la lettre ?

■ Ghislaine Andreani, *Manuel pratique de la correspondance* (2002)

La journaliste Ghislaine Andreani s'est appliquée à recenser les différentes formes prises par l'échange épistolaire dans la vie courante. Référence du genre, son *Manuel pratique de la correspon-*

dance (2002) donne des exemples concrets de lettres privées ou officielles, à adapter en fonction des différentes situations vécues. Le modèle reproduit ci-dessous envisage le cas de la lettre de condoléances, qu'on adresse à un individu en deuil pour lui manifester son soutien. Il s'agit d'un exercice délicat qui doit respecter certains codes, tant formels que thématiques, et qui nous invite à nous poser la question suivante : figée ou empruntée, la lettre peut-elle atteindre la même spontanéité que la parole ?

[Modèle de lettre de condoléances]

Lieu et date

Bien chère…,

En apprenant la triste nouvelle, mon mari et moi avons été peinés et je viens aussitôt vous dire l'émotion que nous ressentons.

C'est une perte cruelle, je sais combien votre amour filial était profond. Je sais aussi que votre père était votre soutien moral.

Nous conserverons avec vous le souvenir de cet être si chaleureux et n'oublierons jamais les merveilleux jours passés en sa compagnie.

Mon mari et moi vous adressons, chère…, toutes nos affectueuses condoléances et notre meilleure sympathie.

Signature

Manuel pratique de la correspondance, © Hachette Pratique, 2002.

Analyse et perspectives

1. Observez le lexique et les modalisateurs employés par le locuteur. Que remarquez-vous ?
2. Quels autres types de lettres possèdent également des contraintes spécifiques ?

■ Zola, « Lettre à la jeunesse » (1897)

Chef de file du naturalisme[1], dont les principes guidèrent son grand œuvre romanesque – le cycle des *Rougon-Macquart* –, Émile Zola (1840-1902) fut aussi un journaliste engagé.

Lors de l'affaire Dreyfus, il défend le capitaine juif soupçonné à tort d'être un espion à la solde des Allemands, arrêté et condamné en 1894, en faisant paraître en 1897 (année où explose l'affaire) trois articles dans *Le Figaro*. La direction du journal ayant refusé d'imprimer d'autres plaidoyers sur le sujet, Zola poursuivit son action en publiant, sous forme de brochures, deux lettres ouvertes. Le premier de ces appels à l'opinion est lancé « à la jeunesse » le 14 décembre 1897. La forme spécifique de la lettre ouverte engage un questionnement sur les limites de la correspondance : en présence d'un destinataire multiple et en l'absence d'un retour, peut-on encore parler d'échange ?

Lettre à la jeunesse

14 décembre 1897

Jeunesse, jeunesse ! Souviens-toi des souffrances que tes pères ont endurées, des terribles batailles où ils ont dû vaincre, pour conquérir la liberté dont tu jouis à cette heure. Si tu te sens indépendante, si tu peux aller et venir à ton gré, dire dans la presse ce que tu penses, avoir une opinion et l'exprimer publiquement, c'est que tes pères ont donné de leur intelligence et de leur sang. Tu n'es pas née sous la tyrannie, tu ignores ce que c'est que de se réveiller chaque matin avec la botte d'un maître sur la poitrine, tu ne t'es pas battue pour échapper au sabre du dictateur, aux poids faux du mauvais juge[2]. Remercie tes pères,

1. ***Naturalisme*** : mouvement littéraire caractérisé par l'ambition de peindre la société sous tous ses aspects, y compris les moins reluisants.
2. Allusion à l'image de la balance, qui symbolise traditionnellement la justice.

et ne commets pas le crime d'acclamer le mensonge, de faire campagne avec la force brutale, l'intolérance des fanatiques et la voracité des ambitieux. La dictature est au bout.

Jeunesse, jeunesse ! Sois toujours avec la justice. Si l'idée de justice s'obscurcissait en toi, tu irais à tous les périls. Et je ne te parle pas de la justice de nos codes, qui n'est que la garantie des liens sociaux. Certes, il faut la respecter, mais il est une notion plus haute, la justice, celle qui pose en principe que tout jugement des hommes est faillible et qui admet l'innocence possible d'un condamné, sans croire insulter les juges. N'est-ce donc pas là une aventure qui doive soulever ton enflammée passion du droit ? Qui se lèvera pour exiger que justice soit faite, si ce n'est toi qui n'es pas dans nos luttes d'intérêts et de personnes, qui n'es encore engagée ni compromise dans aucune affaire louche, qui peut parler haut, en toute pureté et en toute bonne foi ?

Jeunesse, jeunesse ! Sois humaine, sois généreuse. Si même nous nous trompons, sois avec nous, lorsque nous disons qu'un innocent subit une peine incroyable et que notre cœur révolté s'en brise d'angoisse. Que l'on admette un seul instant l'erreur possible, en face d'un châtiment à ce point démesuré, et la poitrine se serre, les larmes coulent des yeux. Certes, les gardes-chiourmes [1] restent insensibles, mais toi, toi qui pleures encore, qui dois être acquise à toutes les misères, à toutes les pitiés ! Comment ne fais-tu pas ce rêve chevaleresque, s'il est quelque part un martyr succombant sous la haine, de défendre sa cause et de le délivrer ? Qui donc, si ce n'est toi, tentera la sublime aventure, se lancera dans une cause dangereuse et superbe, tiendra tête à un peuple, au nom de l'idéale justice ? Et n'es-tu pas honteuse, enfin, que ce soient des aînés, des vieux qui se passionnent, qui fassent aujourd'hui ta besogne de généreuse folie ?

---

1. ***Gardes-chiourmes*** : au sens propre, gardiens des galériens, puis des forçats ; ici, personnes autoritaires et violentes.

Où allez-vous, jeunes gens, où allez-vous, étudiants, qui battez les rues, manifestant, jetant au milieu de nos discordes la bravoure et l'espoir de nos vingt ans ?

« Nous allons à l'humanité, à la vérité, à la justice ! »

« Lettre à la jeunesse », 1897.

Analyse et perspectives

1. Comment est désigné le destinataire de cette lettre ? Justifiez l'expression « lettre ouverte » pour ce texte. Citez d'autres exemples de ce type.
2. Cette lettre attend-elle une réponse ? Justifiez votre propos.
3. Quelle(s) modification(s) effectueriez-vous si vous deviez faire de cette lettre un discours public ? Qu'en concluez-vous ?

■ Guillaume Apollinaire, *Poèmes à Lou* (1956)

Entre octobre 1914 et septembre 1915, Guillaume Apollinaire (1880-1918), alors qu'il est engagé volontaire dans la Première Guerre mondiale, adresse à Louise de Coligny-Châtillon un ensemble de poèmes. Ils seront édités pour la première fois en 1947 avant de reparaître sous le titre *Poèmes à Lou* en 1956.

Le poème qui suit est écrit le 11 mars 1915 à Nîmes où Apollinaire est affecté en attendant le départ pour le front. Ce texte rend compte des possibilités que la lettre offre de jouer avec le signifiant.

[La lettre et ses possibles]

De toi depuis longtemps je n'ai pas de nouvelles...

[...]
Ô tête trop lourde front en feu mes yeux tristes
Ô pourpres avenirs comme des améthystes [1]

1. ***Améthystes*** : pierres fines de couleur violette.

Trajectoires de vie que mon cœur va suivant
Comme un obus lancé qui traverse le vent
La nuit est temps propice à celui qui soupire
J'ai goûté le meilleur je vais goûter le pire
Mais je t'aime ma Lou comme on n'a pas aimé
Et quand tu seras vieille enfant mon cœur mon âme
Souviens-toi quelquefois de moi

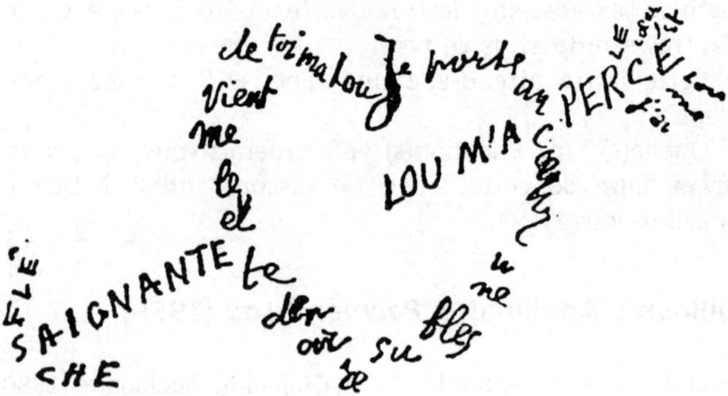

Adieu mon Lou chéri je t'aime infiniment
Si je pars avant de t'avoir revue
Je t'enverrai mon adresse
Et tu m'écriras si tu veux
Adieu mon Lou, je baise tes cheveux
Adieu mon Lou Adieu

Poèmes à Lou, © Gallimard, coll. « Poésies », 1969, p. 132.

Analyse et perspectives

1. En quoi cette lettre est-elle originale et s'apparente-t-elle à un poème ?
2. Qu'apporte le calligramme à la lettre ?
3. Quelles sont les autres manières de personnaliser une lettre ?

© Giraudon/Bridgeman.com

■ Dans ses lettres quatrains, Mallarmé s'empare de l'adresse, traditionnellement dénuée de toute fonction esthétique, pour en faire un objet poétique à part entière.

■ Albert Cohen, *Belle du Seigneur* (1968)

Diplomate et écrivain prolixe, Albert Cohen (1895-1981) relate avec ironie dans *Belle du Seigneur* (1968) une histoire d'amour dans laquelle s'expriment tous les registres de la passion, du plus trivial au sublime. Dans cet extrait, Ariane reçoit une lettre de son amant, Solal. L'auteur met en scène la réception de la missive du point de vue de la destinataire. Considérée en tant qu'objet, la lettre occasionne un rituel fétichiste : pour Ariane, elle est avant tout une partie de l'être aimé et doit être chérie en conséquence. À l'heure où le numérique tend à dématérialiser nos échanges, le texte de Solal nous invite à ne pas négliger le support même de ces derniers.

[Le fétichisme de la lettre]

Dans sa chambre, l'habituel cérémonial. Porte fermée à clé, volets fermés, rideaux tirés, boules de cire pour supprimer les bruits du dehors, tous les bruits de non-amour. La lampe de chevet allumée, elle s'étendait sur le lit, arrangeait l'oreiller. Non, ne pas lire encore, faire durer le plaisir. Voir un peu l'enveloppe d'abord. Belle enveloppe solide, sans l'affreux doublage intérieur. Très bien. Et il avait collé le timbre soigneusement, pas sens dessus dessous, tout droit, juste au bon endroit, avec amour, voilà. Oui, parfaitement, c'était une preuve d'amour. Elle regardait la lettre de loin, sans la lire. Ainsi, lorsqu'elle était une petite fille, elle considérait le biscuit Petit-Beurre avant de le manger. Non, ne pas lire, attendre encore. Elle est à ma disposition, mais il faut que je meure d'envie de la lire. Regardons un peu l'adresse. Il a pensé à moi en écrivant mon nom, et parce qu'il a dû mettre madame qui fait honorable, décent, il a peut-être pensé par contraste à moi nue, si belle, qu'il a vue de tous les côtés. Maintenant, regardons un peu le papier, mais du côté pas écrit. Papier très beau, japon peut-être. Non, le papier ne sent rien. Il sent la netteté, la propreté absolue, un papier viril, voilà.

Belle du Seigneur, © Gallimard, 1968, chap. LI.

Analyse et perspectives

1. Quelles sont les étapes auxquelles Ariane s'astreint avant de lire la lettre de Solal ?
2. Qu'est-ce qui justifie ce rituel ?
3. Recherchez dans votre culture littéraire et cinématographique des exemples de l'importance accordée à l'objet-lettre.

II. Révolution ou évolution ?

La communication numérique s'est considérablement développée depuis une dizaine d'années : entre 2000 et 2010, le nombre d'internautes européens a été multiplié par quatre (voir dossier, p. 171) et, à l'heure actuelle, plus de cent soixante millions d'internautes utilisent couramment l'e-mail pour communiquer ; en France, les jeunes de douze à dix-sept ans envoient en moyenne deux cent quarante-neuf SMS par semaine [1] et recourent régulièrement aux messageries instantanées, *chats*, réseaux sociaux et forums en ligne. Cet accroissement est-il le signe d'une révolution des échanges ? ou marque-t-il plutôt une simple évolution des pratiques de sociabilité ?

Si le terme « révolution », qui implique l'idée de rupture avec un état antérieur, ne semble pas adapté à ce que nous vivons, dans la mesure où les échanges numériques ne se substituent pas entièrement aux échanges traditionnels et en constituent davantage un prolongement, il convient de s'interroger sur les changements que ces nouvelles pratiques induisent dans notre façon de communiquer et sur leurs particularités.

Ces dernières empruntent un langage spécifique : faut-il y voir un simple mélange de l'écrit et de l'oral à la manière de ce qu'imaginait déjà Queneau dans ses *Exercices de style* (1947) ou la mutation d'une langue qui invente ses propres codes et brouille ceux d'avant,

1. Source : R. Bigot et P. Croutte, *La Diffusion des technologies de l'information et de la communication dans la société française*, CREDOC, 2011.

impliquant de nouveaux enjeux communicationnels dont nous devons apprendre les règles et définir les contours ? Car cette novlangue [1] contamine les autres types d'échanges, comme on le remarque sur certaines publicités ou comme les médias s'en font l'écho. Ses normes deviendraient-elles nos références en matière de communication ?

Autre spécificité des échanges numériques : ils s'accompagnent d'une frénésie et d'une instantanéité qui les distinguent des formes plus traditionnelles de communication. Fondées sur un temps long, ces dernières laissent aux interlocuteurs la possibilité de faire mûrir leur réflexion, voire de se rétracter. À l'heure du numérique, le temps réservé au jugement est-il encore préservé ? Et, quand ce ne serait pas le cas, est-il pertinent de faire reposer la valeur de l'échange sur la notion de durée ? Enfin, n'y a-t-il pas un paradoxe propre aux moyens de communication numériques : censés nous faire gagner du temps par la rapidité qui les caractérise, ils nous accaparent, monopolisant toute notre attention. Que ce soit par le biais des ordinateurs, des smartphones, des tablettes ou de tout autre accès nomade à Internet, on se doit aujourd'hui d'être connectés en permanence, et l'ignorance de cet implicite, comme celle de l'accélération de la communication propre à ces supports, conduisent inexorablement à une sorte d'exclusion sociale.

Dernière singularité de l'échange numérique : il suppose une communication à distance. Mais l'échange peut-il supporter la désincarnation ? Quelles conséquences la virtualité de la communication numérique peut-elle avoir sur notre rapport aux autres ? Est-elle un gain ou une perte pour les liens sociaux ? Certains applaudissent à l'essor d'une sociabilité à distance permise par les mails, les réseaux sociaux, les messageries instantanées quand d'autres déplorent une sociabilité désincarnée qui prendrait le pas sur une sociabilité présentielle. Qu'en est-il vraiment ?

---

1. ***Novlangue*** : néologisme créé par l'écrivain anglais George Orwell dans son roman *1984* (publié en 1949). Le mot désigne la « nouvelle langue » forgée par les habitants d'Océania (pays imaginaire). Les autorités de ce territoire dictatorial visent à simplifier le langage à l'extrême afin de l'épurer de tout contenu subversif.

© Honoré/Iconovox

■ Le dessinateur de presse Honoré détourne ici la célèbre photo de Proust. À l'heure du numérique, l'écrivain contemplatif passerait-il encore par l'écriture pour exprimer ses réflexions sur le temps, l'art et la société ? Entouré des technologies modernes, pourrait-il encore se réfugier dans la solitude et l'intériorité pour faire l'expérience spirituelle de la création artistique ?

1. Une communication hybride

Les échanges numériques se fondent sur une nouvelle forme de communication, hybride, qui s'inscrit dans deux traditions différentes : ils simulent la communication orale, mais puisent dans les règles et usages de l'écrit. Ainsi, Bruno Danton remarque que, s'il n'a pas remplacé l'échange épistolaire, le courrier électronique s'est très vite imposé comme un mode de communication personnel et professionnel, bouleversant les codes de l'échange épistolaire ; il en adopte la forme tout en cherchant à traduire les subtilités de l'oralité (p. 45). Le roman de l'écrivain autrichien Daniel Glattauer, *Quand souffle le vent du nord*, dans lequel les personnages entretiennent une correspondance par e-mails, permet de saisir cette ambiguïté de la communication numérique (p. 47).

Inscrite dans le prolongement des modes classiques de communication, mais s'en démarquant, l'échange numérique, et notamment par Internet, impose de nouvelles règles du savoir communiquer, une véritable « Netiquette », c'est-à-dire une éthique de la conversation sur le Net, comme l'indique Michel Marcoccia (p. 50).

La forme hybride de la communication numérique conduit à l'apparition d'une nouvelle relation à l'autre, dans la sphère tant publique que privée. Comme l'explique Pascal Lardellier (p. 54), la vogue des SMS, ces petits messages à la fois ludiques et romantiques, renouvelle l'expression de la sensibilité amoureuse ou amicale. Cette façon de communiquer se trouve démultipliée par le phénomène Twitter, qui l'étend à la scène politique. Dans l'un de ses articles, *Le Nouvel Observateur* (p. 57) suggère en effet que ces messages brefs (de moins de cent quarante signes), que l'on peut envoyer et dupliquer à volonté, sont devenus des outils de partage et d'échange, voire de contestation politique et sociale.

■ Bruno Danton, « Courrier électronique : vers une révolution de l'écriture » (2000)

Dans cet article daté de l'an 2000, le journaliste Bruno Danton constate que le courrier électronique s'immisce de façon croissante dans le quotidien des Français, engendrant une véritable transformation de l'écriture : il favorise l'apparition d'une nouvelle langue, aussi spontanée que le discours oral, mais utilisant son propre alphabet et libérée des contraintes classiques de l'écrit. Si l'e-mail annonce l'émergence de nouvelles pratiques de sociabilité, il ne remet cependant pas en cause les formes plus traditionnelles de la correspondance.

[L'« e-mailisme » : un nouveau langage ?]

Cent soixante millions d'internautes, dont cinq millions de Français, utilisent couramment l'e-mail pour correspondre. La spontanéité et l'émotion renversent les règles de l'orthographe, de la grammaire et de la syntaxe. De nouveaux symboles apparaissent. Mais l'enveloppe timbrée se porte toujours bien.

On « s'e-mail », pour abréger une conversation téléphonique ou pour conclure un rendez-vous. On « s'e-mail » pour se raconter des petites histoires de la vie quotidienne, des histoires de boulot, des histoires de famille. On « s'e-mail » pour s'envoyer des rapports professionnels.

Mais on « s'e-mail » aussi des mots d'amour. Le fameux « *You've got a mail !* » (« Vous avez un message ! ») est déjà devenu un signal familier pour tous les utilisateurs d'Internet. En deux ans, le courrier électronique est devenu un phénomène social qui modifie en profondeur les modes d'écriture et de communication entre les gens, proches ou lointains. […]

Curieusement, le courrier électronique n'a pas remplacé l'envoi des lettres traditionnelles. La bonne vieille enveloppe timbrée n'a pas dit son dernier mot. Une tendance confirmée par les excellents résultats enregistrés par la Poste dans l'acheminement du courrier (+ 4,2 % de chiffre d'affaires en 1999). Le mail semble agir plutôt comme un stimulant aux échanges papier en complément d'une communication plus informelle sur le Net. Écrire une lettre ce n'est pas comme écrire un mail. « L'écriture qui passe par la Poste est plus implicante, observe Serge Tisseron, psychanalyste (auteur de *Comment l'esprit vient aux objets*, Aubier, 1999). Elle réclame un effort et une motivation que ne requiert pas le mail. Avec ce dernier, on est dans l'immédiateté du récit. C'est déjà un peu moins vrai pour la lettre, que les Romains accompagnaient d'un "j'allais bien" pour marquer la distance par rapport à l'action. »

L'usage de plus en plus fréquent du courrier électronique a d'autres conséquences. Et notamment sur l'écriture elle-même, l'orthographe et la syntaxe. Sur le réseau c'est un véritable nouveau langage qui est en train de naître, déjà baptisé « e-mailisme ». Quelque chose entre le parlé et l'écrit, débarrassé des contraintes d'usage, inventant son propre alphabet.

Les « smiley » et les « émoticons » (symboles qui traduisent une émotion, une expression du visage) émaillent les messages avec des combinaisons parfois très fines, qui permettent de nuancer le propos, de lui donner des « intonations ». La tristesse peut par exemple s'exprimer d'au moins cinq manières différentes, selon qu'elle est accompagnée de pleurs, de colère, de confusion ou d'amertume. Pour Don Tapscott, président de New Paradigm Learning Corporation, et auteur d'un ouvrage de référence sur la « génération digitale » (*Growing up Digital, the Rise of the Net Generation*, MacGraw-Hill, 1998), cette nouvelle écriture bouleverse la communication. « Je crois, dit-il, que le cybertexte offre une autre voie dans l'expression écrite. Un nouvel alphabet est en train de prendre forme avec ses abréviations, ses néologismes, ses combinaisons d'images et de signes qui traduisent une relation plus émotive avec l'ordinateur. »

Pour Pascale Weil, sociologue et directrice associée de Publicis Consultants, qui distingue plusieurs formes de langage sur le Net, le « murmure intime » est sans doute la forme la plus innovante. « On assiste, remarque-t-elle, à la naissance d'une catégorie littéraire qui n'existait pas, à une parole silencieuse et souterraine qui relève de l'émission de pensée. Un dialecte avec sa syntaxe et sa mise en page qui commence à influencer la publicité. Ce mode d'écriture permet aux marques une connivence et une liberté de ton beaucoup plus fortes avec l'internaute, en utilisant un langage d'initiés. »

Un mail peut en effet s'affranchir de tout, et même des mots, pour n'inscrire sur l'écran qu'un signe qui résumera mieux qu'une lettre ce que chacun pense de l'autre .

« Courrier électronique : vers une révolution de l'écriture »,
© *Le Monde*, 21 avril 2000.

Analyse et perspectives

1. Quelles sont les différentes utilisations du courrier électronique ?
2. Selon l'auteur, en quoi l'écriture des e-mails est-elle révolutionnaire ?
3. Selon vous, un courrier électronique est-il plus favorable à l'épanchement intime qu'une lettre ?

■ Daniel Glattauer, *Quand souffle le vent du nord* (2010)

Né en 1960, le journaliste autrichien Daniel Glattauer tient notamment des chroniques judiciaires et politiques pour le quotidien *Der Standard. Quand souffle le vent du nord* est son premier roman traduit en français. En voulant résilier son abonnement au magazine *Like*, Emmi Rothner envoie par erreur un e-mail à un inconnu, Leo Leike. Poliment, ce dernier lui signale sa méprise. Bientôt, ces deux êtres se prennent au jeu de l'échange numérique. Dans l'extrait suivant, Leo se livre à une réflexion sur le paradoxe d'une correspondance numérique qui pousse deux inconnus à se consacrer du temps et à se dévoiler l'un à l'autre sans qu'ils veuillent se connaître vraiment. Si l'e-mail permet de détourner les codes traditionnels de la correspondance, il en imite cependant la forme.

[« Cher écran », ou les modalités de la correspondance numérique]

Cinq minutes plus tard

RE :

Chère Emmi, vous ne pouvez pas écrire sans utiliser 1. 2. 3., je me trompe ? À demain pour un mail plus long. Bonne soirée. Leo.

Le jour suivant

[De Leo à Emmi]

Pas d'objet

Chère Emmi, avez-vous remarqué que nous ne savons absolument rien l'un de l'autre ? Nous créons des personnages virtuels, imaginaires, nous dessinons l'un de l'autre des portraits-robots illusoires. Nous posons des questions dont le charme est de ne pas obtenir de réponses. Oui, nous nous amusons à éveiller la curiosité de l'autre, et à l'attiser en refusant de la satisfaire. Nous essayons de lire entre les lignes, entre les mots, presque entre les lettres. Nous nous efforçons de nous faire de l'autre une idée juste. Et en même temps, nous sommes bien déterminés à ne rien révéler d'essentiel sur nous-mêmes. « Rien d'essentiel », c'est-à-dire ? Rien du tout, nous n'avons encore rien raconté de notre vie, rien de ce qui fait notre quotidien, rien de ce qui est important pour nous.

Nous communiquons au milieu d'un désert. Nous avons sagement avoué quel était notre métier. En théorie, vous pourriez me faire un joli site Internet et moi établir de vous un (médiocre) profil psychologique. C'est tout. Nous savons grâce à un mauvais magazine local que nous habitons dans la même ville. Mais à part cela ? Rien. Il n'y a personne autour de nous. Nous n'habitons nulle part. Nous sommes sans âge. Nous sommes sans visage. Nous ne faisons pas la différence entre le jour et la nuit. Nous vivons hors du temps. Nous sommes retranchés derrière nos écrans, et nous avons un passe-temps commun : nous nous intéressons à un parfait inconnu. Bravo !

En ce qui me concerne, je vous fais un aveu : je m'intéresse énormément à vous, chère Emmi ! Je ne sais pas pourquoi, mais je sais qu'il y a eu à cela une occasion marquante. Pourtant, je sais aussi à quel point cet intérêt est absurde. Il ne survivrait pas à une rencontre, quels que soient votre apparence et votre âge, même si vous pouviez amener à un éventuel rendez-vous une bonne dose du charme considérable de vos mails et si l'esprit que vous montrez par écrit résonnait dans le timbre de votre voix, se cachait dans vos pupilles, dans les coins de votre bouche et dans vos narines. Je soupçonne cet « énorme intérêt » de ne se nourrir que du contenu de ma boîte mail. Il est probable que toute tentative de l'en faire sortir échouerait lamentablement.

Enfin, ma question la plus importante, chère Emmi : voulez-vous toujours que je vous envoie des mails ? (Cette fois, une réponse claire serait la bienvenue.) Je vous embrasse très fort, Leo.

21 minutes plus tard

RE :

Cher Leo, en voilà un long message ! Vous devez avoir beaucoup de temps libre. Ou bien est-ce que vos mails font partie de votre travail ? Pouvez-vous les déduire de vos impôts ? Êtes-vous payé en heures supplémentaires ? Je sais, j'ai la langue bien pendue. Mais seulement par écrit. Et seulement quand je ne suis pas sûre de moi. Leo, vous me faites douter de moi. Mais je suis sûre d'une chose : oui, je veux que vous m'écriviez encore des mails, si cela ne vous dérange pas. Au cas où je ne serais pas assez claire, je réessaie : OUI, JE VEUX !!!!!! DES MAILS DE LEO ! DES MAILS DE LEO ! DES MAILS DE LEO. S'IL VOUS PLAÎT ! JE SUIS ACCRO AUX MAILS DE LEO ! Et maintenant, vous devez absolument m'expliquer pourquoi, n'ayant aucune raison de vous intéresser à moi, vous y avez été poussé par une « occasion marquante ». Je ne comprends pas, mais cela a l'air très intéressant. Je vous embrasse très fort, et je rajoute un « très », Emmi. (PS : votre dernier message était très classe ! Sans une once d'humour, mais vraiment très classe !)

Quand souffle le vent du nord, trad. Anne-Sophie Angleret,
© Grasset, 2010, p. 28-31.

Analyse et perspectives

1. En quoi ce texte reproduit-il les codes de l'échange électronique ?
2. Leo souligne avec justesse certains enjeux de ce type de correspondance. Quels sont-ils ?
3. Pensez-vous qu'un échange par e-mails puisse être entretenu plus longtemps qu'une correspondance papier ? Justifiez votre réponse.

■ Michel Marcoccia, « La politesse et le savoir communiquer sur Internet » (2000)

Dans sa contribution au colloque « Politesse et idéologie : rencontres de pragmatique et de rhétorique conversationnelles », Michel Marcoccia, docteur en sciences du langage et maître de conférences en sciences de l'information et de la communication à l'université de technologie de Troyes, exprime la nécessité d'une Netiquette, autrement dit d'une éthique régulant les échanges sur Internet, à l'image des principes moraux qui régissaient la conversation de salon aux XVIIe et XVIIIe siècles. La définition de cette « Netiquette » est l'occasion de rappeler le caractère hybride et les limites de la communication sur le Web.

[Du bon usage de la Netiquette]

Pour tenter de comprendre la fonction de la Netiquette, il est nécessaire de montrer les problèmes que pose la communication par Internet et que, justement, la Netiquette est supposée résoudre.

Le point le plus souvent souligné par les travaux sur la communication médiatisée par ordinateur (CMC) est son caractère hybride : l'échange discursif[1] sur le réseau Internet relève à la fois de la conversation et de la communication écrite. Le code utilisé est l'écrit, mais la quasi-simultanéité des échanges permet une forme de communication proche de la conversation. Dans la conversation en face à face comme dans la CMC, il y a un rapport direct entre intervention initiative et réactive (c'est évident dans les forums de discussion). De plus, le style utilisé pour rédiger les messages contient à la fois des marques de l'oralité (de l'oralité simulée, évidemment) et du style épistolaire. De même, une analyse des marques d'énonciation montre la proximité entre la CMC et l'oral.

En fait, la CMC semble être une forme de communication « contradictoire », prenant la communication orale comme modèle mais utilisant les ressources de l'écrit. Ce cadre contradictoire amène, par exemple, les internautes à « simuler » les paramètres de l'oral non reproductibles par l'écrit : les données non verbales et paraverbales sont parfois retranscrites avec des conventions originales : on écrit en majuscules pour signaler que l'on « crie » ; on utilise des petits pictogrammes, les smileys, pour représenter des mimiques ou des intonations.

1. ***Discursif*** : relatif au discours.

Par contre, un certain nombre de caractéristiques distinguent nettement la communication par Internet de la conversation ordinaire :

L'absence de face à face. Lorsqu'un échange s'établit entre deux scripteurs qui ne se connaissent pas, l'absence de données non verbales et paraverbales peut rendre difficile l'interprétation des énoncés, si ces scripteurs n'apportent pas suffisamment d'informations pour éclairer leurs destinataires.

L'anonymat des interlocuteurs. Lorsqu'on ne connaît pas préalablement l'identité des interactants avec lesquels on échange des messages, on ne dispose que de leur adresse électronique. Les autres aspects de l'identité (le nom, le sexe, l'âge, etc.) peuvent correspondre à une identité fictive.

La complexité des formats de production et de réception. Dans un forum de discussion ou dans une liste de diffusion, on ne peut pas sélectionner un destinataire. Tout message est lisible par tous les participants au forum ou à la liste, même si c'est une réaction à une intervention particulière.

La communication par Internet est une communication écrite informatisée. La communication par Internet produit un type d'échange très problématique, car, passant par l'écrit et par un dispositif technique qui en permet la mémorisation, elle peut cristalliser la dimension potentiellement conflictuelle des échanges.

Ces particularités peuvent poser des problèmes pour la régulation des interactions et pour la gestion de leur dimension relationnelle. Les principes habituels de politesse peuvent en effet être violés – même involontairement – lorsqu'on adresse un message sans pouvoir évaluer la réaction de son destinataire, *a fortiori* lorsqu'on ne sait pas à qui on s'adresse. De même, le caractère « désincarné » de la communication rend problématique la dimension relationnelle des échanges. Comment ménager la face de l'autre quand cette face est imperceptible ? Enfin, le réseau rend publics les échanges conflictuels et peut en garder des traces, comme de tout raté de l'interaction dont il augmente ainsi la « gravité ».

On peut souligner la contradiction apparente qui réside entre les problèmes posés par la communication sur Internet et la fonction du réseau : mettre en relation les internautes. La capacité qu'aurait Internet de favoriser « l'intelligence collective » ou de permettre l'émergence de « communautés virtuelles » est évidemment conditionnée par la possibilité que le réseau offre aux internautes de gérer la relation interpersonnelle de manière harmonieuse. On peut donc faire l'hypothèse que la Netiquette a pour fonction de compenser les limites de la communication électronique. Pour assurer une bonne « qualité » interactionnelle et relationnelle, il semble nécessaire, par exemple aux animateurs de forums de discussion, d'instaurer un code de « savoir communiquer » pour susciter une attitude d'autorégulation chez les internautes, compenser l'absence de présence corporelle, de procédures d'identification fiables et de contrôle centralisé, pour faire d'Internet un outil de mise en relation et pas seulement de transfert d'informations.

« La politesse et le savoir communiquer sur Internet », in M. Wauthion (dir.), *Politesse et idéologie : rencontres de pragmatique et de rhétorique conversationnelles*, Louvain-La-Neuve, © A. C. Simon, 2000.

Analyse et perspectives

1. En quoi la communication sur Internet relève-t-elle à la fois de l'oral et de l'écrit ? En quoi se rapproche-t-elle de la conversation en face à face ? Résumez ce qui l'en distingue.
2. Quels sont les problèmes majeurs engendrés par l'échange numérique et en quoi la Netiquette est-elle censée les résoudre ?
3. Qu'est-ce qu'un modérateur sur un forum ou une liste de discussion ? En quoi son rôle est-il essentiel au respect de la politesse et du « savoir communiquer » ?

■ Pascal Lardellier, « Textos : la novlangue du cœur » (2002)

Pascal Lardellier est professeur de sciences de l'information et de la communication à l'université de Bourgogne ; il est aussi l'auteur de chroniques sur la société et les médias dans la presse nationale. Dans cet article, il analyse le succès des télémessages, aussi connus sous les noms « textos » et « SMS ». L'engouement spectaculaire pour ces messages brefs s'explique par plusieurs facteurs : ils peuvent être envoyés de n'importe quel endroit, être lus et écrits dans quasiment toutes les circonstances et permettent de créer un rapport privilégié avec l'autre, entre complicité amicale et intimité amoureuse. Jugé plus confidentiel et jubilatoire que l'e-mail et la conversation téléphonique, le SMS serait-il en train de révolutionner l'expression des sentiments ?

[« JTM » : les sentiments conjugués au numérique]

La vogue actuelle des télémessages, ces courts textes échangés par les possesseurs de téléphones portables, illustre de manière éclatante le détournement inattendu d'un média, en même temps qu'il entérine un nouveau mode de communication interpersonnelle, ludique et romantique.

C'est le nouveau passe-temps branché, qui, discret et jubilatoire, a gagné, en quelques mois, tout à la fois cours d'amphi et réunions fastidieuses, transports en communs et mornes salles d'attente, soirées bruyantes, moments creux à remplir et instants euphoriques à partager : la mode des « textos » ou « SMS » (*short messaging service*), ces courts messages (cent soixante caractères maxi) envoyés de particulier à particulier, de mobile à mobile. [...]

En fait, le succès des SMS et autres textos (les appellations varient selon les trois opérateurs français) s'explique par le fait qu'ils proposent une alternative relationnelle réelle aux autres modes de communication de la « nébuleuse NTIC » (nouvelles technologies de l'information et de la communication). Pratiques et ludiques, spontanés et distanciés à la fois, polis, intimes et confidentiels, surtout, les télémessages conviennent idéalement aux nouvelles générations d'utilisateurs, pour qui la dimension ostentatoire ou trop technique de ces nouvelles technologies est dépassée, heureusement supplantée par des modes d'appropriation et des codes d'utilisation allant vers plus de confort et de connivence, et bien moins de frime.

Ainsi, le caractère *a priori* austère de l'échange de textos, les contraintes dues à la frappe sur un clavier minuscule et au mode d'écriture, malhabile, s'avèrent peu de choses, dont on se joue, c'est le mot, au profit de l'aspect ludique des contextes d'échanges, souvent impromptus, voire clandestins. Car recevoir un SMS, c'est drôle, déjà techniquement : ça « bipe » ou ça « vibre » deux secondes, on découvre le message en même temps qu'on déchiffre ce clin d'œil par procuration, sur le tout petit écran lumineux. Envoyer un télémessage provoque une égale jubilation : choisir le bon mot ou l'abréviation juste, appuyer sur « Envoi », attendre fébrilement quelques secondes, enfin, pour savoir si l'interlocuteur a reçu le message en temps réel (grâce à un signal spécifique), et répond ou non… […]

Les télémessages induisent réellement de nouveaux types de relations interpersonnelles, tout en rappelant surtout que les modes de réception de l'écrit et de l'oral donc du texte et de la voix sont fondamentalement différents.

Bien sûr, le contenu d'un petit pourcentage de textos amène à les considérer comme des aide-mémoire, de simples « Post-it téléphoniques ». La plupart d'entre eux, cependant, sont échangés entre copains, amis, et surtout amoureux. Là, ils permettent de cristalliser *via* ce canal une complicité implicite mais puissante, qui peut exister parallèlement aux rapports des personnes.

En ce sens, les SMS instaurent souvent une paradoxale distance intime, ainsi qu'une véritable intimité virtuelle. Désengagés et impliquants à la fois, ils se fondent sur une philosophie relationnelle du retrait et du respect (beaucoup sont envoyés afin de « ne pas déranger son interlocuteur par téléphone »). Ces petits haïkus [1] numériques recentrent le message sur l'essentiel, en période d'opulence communicationnelle et technologique. La timidité et la pudeur interdisent de dire par mail (asynchrone [2] et impersonnel) ou par téléphone (trop direct) certaines choses, qui « passent » sur les textos, même exprimées par euphémisme [3]. L'elliptique petite bouteille à la mer (quelques mots ou quelques lignes) sera lue, à charge pour le récepteur d'y répondre à son rythme, s'il le désire. Un mot d'amour, un remerciement, un compliment, une excuse ou un reproche envoyés par télémessage jugulent [4] les réactions impulsives ou la gêne, sans pour autant évincer loin s'en faut l'émotion. Surtout, le message est passé, quoi qu'on en fasse ensuite, qu'on en reparle ou pas ; là est l'essentiel.

Les SMS œuvrent en ce sens à l'avènement d'un nouveau romantisme relationnel, qui affleure, espiègle, de technologies qui devaient communiquer autre chose. Fonctionnant selon une temporalité qui peut être frénétique ou distanciée (à un texto, on réagit dans les vingt secondes ou les trois jours), les SMS assurent le primat d'autrui dans la relation, en recentrant chacun sur l'interaction. Pendant quelques secondes, on est tout à cet autre, absent et très présent pourtant, par le temps et l'attention qu'on lui consacre. On téléphone désormais en vaquant à mille activités ; écrire un texto nécessite au contraire de se « centrer », réhabilitant une forme d'osmose communicationnelle. À l'ère et

---

1. ***Haïkus*** : au sens propre, courts poèmes japonais, qui expriment très souvent le caractère évanescent des choses ou qui saisissent des impressions sur le vif.
2. ***Asynchrone*** : ici, dont la réception est différée.
3. ***Par euphémisme*** : de manière atténuée.
4. ***Jugulent*** : empêchent, contraignent.

à l'heure du tout-virtuel, les SMS vont aussi dans le sens d'une incorporation (*via* le vibreur) et d'une matérialisation de la relation : les fans de télémessages gardent leurs messages préférés longtemps en mémoire, petits mots intimes lus et relus pour pallier l'absence et raviver l'émotion.

Nouveau romantisme ? Alors que le sexe inonde le Net, l'amour « avec un grand A » submerge les petits écrans des textos. Un nombre de plus en plus important de ruptures, mais aussi de réconciliations, d'invitations intimes, de promesses transies et de déclarations enflammées empruntent la voie des télémessages, à défaut des voix téléphoniques. Tour à tour loquace et muet, le cœur a ses réseaux, décidément, que la raison ignorera encore longtemps.

« Textos : la novlangue du cœur »,
© *Libération*, 1er mars 2002.

Analyse et perspectives

1. Quelle est la thèse du texte ? À quels arguments l'auteur recourt-il pour la défendre ?
2. Selon vous, les textos permettent-ils de renouveler l'expression des sentiments ? Justifiez votre point de vue.

■ Stéphane Arteta, Charline Blanchard, Jérôme Hourdeaux, Olivier Toscer et Marie Vaton, « Twitter pour les nuls » (2011)

Nouvel acteur des médias de l'information et de la communication, Twitter est une autre forme d'échange numérique. Il s'agit d'un réseau social qui permet d'envoyer des messages courts, *via* Internet, à un grand nombre de correspondants : tous recevront en même temps le message, dans la mesure où ils se seront préalablement « abonnés » au profil de l'émetteur. Twitter a gagné ses lettres de noblesse en permettant à des dissidents de contourner la censure dans leur pays ; mais il est aussi, plus souvent, utilisé comme un outil de veille de l'actualité. Dans un article publié en 2011, des journalistes du *Nouvel Observateur* reviennent sur les usages et enjeux de Twitter – vaste forum démocratique où chacun peut s'exprimer librement, mais où il faut savoir distinguer le bruit de la parole.

[Tu tweetes pour quoi ?]

Tout le monde tweete ou tweetera. Pour dire tout et n'importe quoi. Alors si vous ne faites pas encore partie de la communauté des « twittos », il est temps de vous y mettre… Suivez le guide. […]

Un grand café du commerce

À la télé, en soirée, à la pause-café, impossible d'y échapper. Twitter par-ci, Twitter par-là, blablabla… C'est le moment d'investir ce petit monde qui connaît un véritable boom grâce à l'actualité. L'affaire DSK[1] a été révélée par le tweet (« gazouillis », en anglais) d'un jeune militant UMP, c'est sur Twitter qu'on a pu lire le premier commentaire en direct sur le raid contre Ben Laden, par un informaticien pakistanais qui le suivait depuis sa fenêtre. Et ce réseau devrait jouer pour la première fois un rôle dans une élection présidentielle. Lors de l'université d'été à La Rochelle, les journalistes ont même d'ailleurs remis un Twitter d'or, une première. La gagnante : Ségolène Royal pour ce tweet amer au lendemain d'un sujet de France 2 la concernant : « Reportage de lèche-bottes minables au 20 heures. Des images tranquilles de marché pour dire : elle est quasi morte. Ils vont être déçus. »

Longtemps réservé aux opposants aux régimes dictatoriaux et aux fans de technologies, Twitter est devenu un grand café du

1. ***Affaire DSK*** : affaire de mœurs mettant en cause Dominique Strauss-Kahn, économiste et homme politique français.

commerce, fréquenté par votre cousin, vos voisins, mais aussi Sébastien Chabal, Britney Spears ou Obama.

C'est de là que partent et prospèrent nombre de rumeurs, mais c'est aussi un formidable outil de partage de documents et d'idées. Un univers codifié, agaçant et convivial, avec ses vedettes et ses pseudo-stars, ses règles, ses coutumes et ses célèbres « clash ».

Twitter, ça sert @ quoi (quand on n'est pas un dissident chinois) ?

Officiellement interdit en Chine, Twitter est l'outil préféré des opposants qui, munis de logiciels permettant de sauter la grande muraille numérique, échappent ainsi à la censure qui frappe tout l'Internet chinois.

C'est aussi le média qui a incarné les nouvelles révolutions, d'abord en Moldavie, puis en Iran [1] en 2009 et, évidemment, lors du « printemps arabe [2] ». Elles ont été qualifiées de « twitrévolutions ». Car ce réseau est l'outil idéal de la contestation, grâce au retweet, le fameux « RT », une fonction permettant, d'un clic, de dupliquer un message. Plus efficace que des tracts pour organiser des réunions clandestines ou des manifestations improvisées. Effet papillon [3] assuré.

La révolution, ce n'était pas l'objectif des créateurs de Twitter. Ces trois informaticiens californiens souhaitaient créer une communauté où les abonnés raconteraient leur vie en temps

---

1. En avril 2009, en Moldavie, les jeunes se mobilisent contre les élections truquées et la corruption en utilisant les réseaux sociaux ; ces mêmes réseaux jouent aussi un rôle en Iran, en juin 2009, pour médiatiser les manifestations qui ont lieu dans le pays, alors que le gouvernement contrôle la diffusion de l'information.

2. ***Printemps arabe*** : nom donné à l'ensemble des mouvements de contestation exprimés dans le monde arabe depuis décembre 2010 (notamment en Égypte, en Tunisie, en Lybie, en Syrie, au Yémen et au Liban).

3. ***Effet papillon*** : théorie reposant sur l'idée que des choses en apparence insignifiantes (comme le battement d'ailes d'un papillon) peuvent engendrer des événements de grande envergure (comme un ouragan à l'autre bout du monde).

réel, d'où le slogan du réseau : *What are you doing ?*, « Que faites-vous donc ? ». Pour éviter les envolées lyriques, ils ont imposé l'adage « faites simple », et une longueur maximum : cent quarante signes par message. Les journalistes, profitant de l'instantanéité de cet outil, s'en sont entichés depuis le premier procès Clearstream [1], couvert sur le réseau par *Le Nouvel Obs*. Comme vous n'êtes ni journaliste ni dissident chinois, vos messages n'ont pas vocation à changer le monde. Mais s'abonner à Twitter, c'est se placer au cœur de l'événement.

Contrairement à Facebook, il n'est pas question ici d'amis mais d'abonnés (les fameux « followers »). L'idée, c'est de suivre (et d'être suivi) par des stars ou des anonymes. Et les plus ennuyeux ne sont pas toujours ceux que l'on croit. Serena Williams tweete « j'adore danser », et Britney Spears, « j'aime les cheeseburgers ». C'est qui, les nuls ? Vous pouvez sans mal être plus audacieux. Raconter ce que l'on fait, dire ce que l'on pense, voilà à quoi sert Twitter en démocratie. Et ça ne vous empêche pas de militer.

« Twitter pour les nuls », © *Le Nouvel Observateur*, 1er septembre 2011.

Analyse et perspectives

1. Quelles sont les caractéristiques de Twitter ?
2. D'après les auteurs de cet article, quelles sont les deux utilisations majeures qui en sont faites ?
3. Utilisez-vous Twitter ? Si oui, dans quelles circonstances ?

1. ***Procès Clearstream*** : procès engagé à la suite d'un scandale financier.

2. Temps et échanges, temps de l'échange

La révolution numérique n'a pas seulement contribué à faire émerger des nouveaux codes langagiers, elle a également introduit dans la communication un rapport différent au temps. Comme le montre Cécile Wajsbrot dans « Ainsi on attend LA lettre » (ci-dessous), l'échange épistolaire est l'occasion d'accorder une véritable attention à l'autre en prenant le temps de le lire, de réfléchir à une réponse, d'envoyer cette dernière puis d'attendre un retour. Avec humour, Dino Buzzati envisage même les conséquences de cette temporalité étirée dans sa nouvelle « Une lettre d'amour » (p. 66) : sans cesse interrompu, le destinateur en vient à ne plus se souvenir de l'objet même de sa lettre !
Au contraire, la communication numérique resserre le temps de l'échange, au point qu'il est parfois instantané, influant sur le contenu même de ce dernier, comme l'analyse Benoît Melançon (p. 71). Dans un texte consacré à la pratique de l'e-mail, Marc Escola précise ce nouveau rapport au temps induit par l'usage du courrier électronique (p. 74). L'écrivain Marie Darrieussecq étend ce constat à tous les nouveaux moyens de communication (p. 78).

■ Cécile Wajsbrot, « Ainsi on attend LA lettre » (1999)

Née à Paris en 1954, Cécile Wajsbrot est romancière, traductrice et essayiste. Dans un article consacré à la lettre et à sa temporalité particulière, elle analyse le rapport au temps, le jeu qui se crée entre présence et absence dans la correspondance épistolaire. Selon elle, l'échange par lettres repose sur un rituel immuable, qui nous met en condition d'écrire et de créer un moment de communion privilégié avec l'autre. L'attente renforce ce lien, même si c'est au prix de la dépendance, du manque ou du regret. La lettre s'élabore dans la durée et ne craint pas les silences ; il faut laisser le temps aux mots de s'assembler et de prendre ainsi tout leur sens.

[« Quelqu'un écrit et quelqu'un reçoit une lettre »]

Que veulent dire ces gestes, se mettre à une table, prendre une feuille de papier et écrire, écrire, tandis que le temps passe, puis plier et glisser cette feuille dans l'enveloppe, les gestes de toujours, les gestes de longtemps, inchangés malgré les changements et le progrès, la première carte postale apparue en Autriche, le premier timbre-poste apparu en Angleterre, et les stylos à encre, et les stylos à bille, et les claviers d'ordinateurs ? [...]

Car c'est le paradoxe de la correspondance. Voilà comment nous paraissons : seuls chez nous ou seuls parmi d'autres, silencieux, immobiles et pourtant à l'écoute de quelqu'un comme nous ne le sommes, ne le serons jamais en sa présence, à l'écoute de celui auquel nous nous adressons, pas par intérêt ou par occupation, pas par divertissement ou par distraction, mais simplement parce que nous avons quelque chose à lui dire, quelque chose d'important.

Nous sommes là, face à nous-mêmes et face à lui, face à elle, face à l'autre. C'est le moment de vérité, le moment de l'absence, du silence, de l'écoute et de la présence suprêmes – allons-nous réussir à le dire, cette fois, allons-nous réussir à confier enfin le secret qui nous pèse, à percer le brouillard de l'incompréhension qui s'est abattu sur nous depuis les commencements du monde, de notre monde, allons-nous, simplement, pouvoir enfin dire quelque chose ? [...]

Car il n'est rien de pire qu'une question sans réponse, et que dire d'une lettre sans réponse, une lettre qui est une série de questions, adressées à quelqu'un. Quelle horreur lorsque les jours s'enchaînent aux jours et que rien ne vient, que chaque jour qui passe confirme que la réponse n'arrive pas – plus le temps passe, plus il est improbable qu'elle vienne – qu'elle ne viendra jamais, et on reste avec sa question en suspens, déjà quand l'enveloppe est tombée dans la boîte aux lettres avec un bruit sec – il n'y avait

© RMN (Musée du Louvre)/Gérard Blot

■ Henri-Pierre Danloux, *Jean-François de La Marche* (1793). Cette toile représente Jean-François de La Marche, évêque du diocèse de Léon (Finistère), contraint à l'exil à Londres par la Révolution française. Il fut le principal soutien des Français exilés dans la capitale anglaise à la même époque, comme le montrent les lettres reçues, débordant de sa table de travail et jonchant le sol, témoins des multiples vies qui les ont produites. La communication épistolaire y apparaît comme soumise au temps, celui de l'écriture et celui de la lecture, et une activité solitaire où la présence de l'autre est matérialisée par le courrier.

pas beaucoup de lettres, cela ne signifiait que cela, mais l'écho de ce vide s'est transmis en plein cœur et il résonne encore, amplifié par chaque heure de silence –, déjà quand l'enveloppe est tombée, nous aurions voulu la rattraper mais il était trop tard, le moment où on lâche la lettre est terrible, la quintessence [1] de toutes ces circonstances où on lâche quelque chose qu'on regrette déjà avant même d'en avoir terminé parce que cela va changer quelque chose et qu'on a l'impression d'y perdre plutôt que d'y gagner même si on y gagne, au bout du compte, mais on est au moment où la perte est plus sensible car on s'est avancé nu au milieu des armes, sans rien au milieu des armures. Chaque mot de la lettre nous revient et se fiche comme la flèche qui vient blesser, une série de flèches qui se décochent l'une après l'autre et dire que personne n'est là pour les retirer, chaque mot de la lettre est un mot de trop, qu'aurions-nous fait à sa place, si nous l'avions reçue, nous ne savons pas trop, ce n'est pas une lettre si facile à recevoir – mais elle n'était pas si facile à écrire – certes, nous n'en savons rien mais nous savons quelque chose, nous savons que nous aurions répondu.

Et cette position de suspens entre la question et la réponse, cet état d'entre-deux qui nous donne l'impression d'être en demande nous déséquilibre, nous projette dans un espace qui se trouve entre chez soi et chez l'autre, qui n'est ni soi ni l'autre ni la boîte aux lettres ni la Poste, qui n'est rien de tout cela mais autre chose, un lieu hors du temps, entre le passé d'une lettre écrite et l'avenir d'une lettre à recevoir, incertaine, cependant, dans le présent d'une lettre à écrire, d'une lettre qu'on attend, d'une lettre qui attend – une lettre en souffrance, comme on dit. […]

Même lorsque nous savons il y a quelque chose que nous ne savons pas, et la plupart du temps, nous ne savons pas, nous ne savons rien, rien d'autre que le temps et le lieu – et c'est déjà beaucoup parce que où nous sommes et quand nous sommes,

---

1. ***La quintessence*** : la forme la plus concentrée.

c'est déjà un peu dire qui nous sommes – rien d'autre que l'en-tête, que celui auquel nous nous adressons.

Nous découvrons au fur et à mesure ce que nous allons dire, ce que nous écrivons, ce que nous avons à dire. C'est ainsi que s'instaure le dialogue et que se crée la relation de correspondance, une relation particulière qui n'est pas sur le ton de la conversation, où tout prend une autre durée et donc une autre valeur.

Car dans la vie courante, qui prend le temps de laisser à l'autre le temps de chercher ses mots et le temps du silence qui s'installe comme le soir descend ? La parole, la présence, suppriment le silence, chaque mot est lancé pour le détruire ou plutôt, pour l'empêcher de se construire, parce qu'il fait peur, parce que c'est à partir du silence seulement que les paroles vraies peuvent advenir. Dans une lettre, le silence ne se voit pas, ne s'entend pas, ne se sent pas, ou tout est silence. Entre une phrase et la suivante, il peut s'écouler une minute ou une heure, quelle importance, ce qui se capte, ce qui demeure, c'est l'essentiel de la pensée, le flux de la conscience, la continuité de l'être restituée, débarrassée de ces scories[1] (bonjour, comment ça va ?) qui encombrent la conversation quand elles ne la constituent pas. La lettre se trouve d'emblée de l'autre côté, elle se situe au-delà des tropismes et des réponses toutes faites, on peut parler pour ne rien dire, on y excelle, mais qui écrirait pour ne rien dire, comment est-ce possible, tout – les instruments, la durée, et le fait même – s'y oppose.

« Ainsi on attend LA lettre », in *La Conversation*, dir. Gérald Cahen, © Autrement, coll. « Mutations », 1999, p. 193-201.

1. ***Scories*** : ici, tics de langue superficiels, sans valeur.

Analyse et perspectives

1. Quels sont les rites immuables propres à l'écriture d'une lettre ?
2. En quoi ceux-ci donnent-ils une valeur particulière au temps ?
3. L'écriture d'un e-mail offre-t-elle selon vous les mêmes perspectives ? Justifiez votre réponse.

■ Dino Buzzati, « Une lettre d'amour » (1958)

Écrivain italien, Dino Buzzati (1906-1972) a mené une brillante carrière journalistique et littéraire. Il est notamment l'auteur du *Désert des Tartares* (1940) et d'un recueil de nouvelles intitulé *Panique à la Scala*, dont est issue la nouvelle « Une lettre d'amour ». Buzzati aime interroger dans ses textes l'apparente banalité de la réalité : la chute de ses récits oscille entre une interprétation rationnelle et une lecture fantastique des faits. Dans « Une lettre d'amour », que nous reproduisons par extraits, le personnage principal tente désespérément de mener à bien l'écriture d'une lettre d'amour mais, sans cesse distrait par des événements extérieurs, il n'y parvient pas. Avec humour et ironie, l'auteur rappelle ainsi que le temps de la réflexion est essentiel dans l'écriture d'une lettre…

[Prendre son temps]

Enrico Rocco, trente et un ans, gérant d'une société commerciale, énamouré [1], s'était enfermé dans son bureau : « Elle » occupait à tel point son esprit, avec tant de violence, d'émoi, d'angoisse, qu'il avait fini par trouver le courage nécessaire : par-delà tout orgueil, toute pudeur, il allait lui écrire.

1. ***Énamouré*** : pris d'amour.

« *Chère mademoiselle...* » commença-t-il et, à la simple idée que ces quelques signes tracés sur le papier par sa plume seraient vus par elle, son cœur se mit à battre à coups redoublés. « *Charmante Ornella, mon Délice, mon Âme adorée, Lumière de mes yeux, Feu qui me dévore et me consume, Obsession de mes nuits, Joie, ma Folie, mon Amour...* »

À ce moment, entra Ermette, le petit coursier : « Pardonnez-moi, monsieur Rocco, il y a là un monsieur qui vient d'arriver pour vous voir. Voilà... (il jeta un coup d'œil sur le bristol qu'il tenait à la main) son nom, c'est Manfredini.

– Manfredini, dis-tu ? Jamais entendu parler. D'ailleurs, je n'ai pas le temps maintenant, j'ai un travail urgentissime à terminer. Qu'il revienne demain, ou plus tard...

– Je crois bien, monsieur Rocco, je crois que c'est votre tailleur. Il est venu pour l'essayage.

– Ah, Manfredini ! Bon, eh bien : dis-lui quand même de revenir demain...

– Oui, monsieur, mais il m'a dit que c'était vous qui lui aviez demandé de venir.

– C'est vrai, c'est vrai... (un soupir)... alors, amène-le-moi mais préviens-le de se dépêcher ; deux secondes, pas plus »

Manfredini entra avec le costume. Un essayage, façon de parler : la veste retirée à peine enfilée, laissant au tailleur à peine le temps d'y faire deux ou trois traits avec sa craie. « Vous voudrez bien m'excuser, n'est-ce pas ? Mais j'ai sur les bras un travail de première urgence... Aussi, à vous revoir, monsieur Manfredini. »

Il retourna en hâte à son bureau, se remit à écrire. « *Âme sacrée, créature du bon Dieu, où es-tu en ce moment ? Que fais-tu ? Je pense à toi avec une telle force qu'il est impossible que mon amour ne parvienne pas à te toucher, même si tu es à tel point éloignée de moi, à cet autre bout de la ville qui me semble une île au milieu des océans...* » (« Comme c'est étrange ! se disait-il dans le même temps. Comment expliquer qu'un homme rationnel comme je suis, un administrateur industriel responsable, soit soudain capable de coucher sur le papier des choses de cet acabit ? Ne serait-ce pas une sorte de délire, de folie ? »)

Sur ces entrefaites, le téléphone se mit à sonner. Ce fut comme si une perforeuse lui taraudait l'échine [1]. Il décrocha.

« Allô !

– Bonsoaaaar…, fit une voix de femme avec un langoureux miaulement. Mais quelle rudesse pour me répondre… Dis-moi : à ce qu'il semble je tombe mal, n'est-il pas vrai ?…

– Qui est à l'appareil ?

– Oh, mais tu es vraiment impossible ce matin, ne crois-tu pas que…

– Qui est à l'appareil ? reprit-il sèchement.

– Attends du moins que je te… » Il raccrocha, reprit son stylo.

« *Vois-tu, mon amour : dehors il y a du brouillard. Un brouillard épais, humide, glacial même, chargé de miasmes délétères* [2]*… Peux-tu pourtant imaginer que je l'envie ? Oui, te douterais-tu que je suis prêt à faire imméd…* »

Drinn, le téléphone. Comme une décharge de deux cent mille volts dans les nerfs. « Allô ! Mais enfin, Enrico… » C'était la voix de tout à l'heure. « Je suis venue en ville uniquement pour te voir, et toi… »

Il fit la grimace, accusant le coup : c'était Franca, sa cousine, brave fille s'il en était, et même plutôt mignonne, mais qui s'était mis en tête depuis quelques mois de lui faire la cour, allez savoir pourquoi… Les femmes, ah les femmes ! ce n'est pas pour rien qu'elles sont réputées toujours vouloir se fabriquer d'invraisemblables romances. Il n'en restait pas moins qu'il lui était difficile de la renvoyer dans sa province.

---

1. ***Taraudait l'échine*** : perforait le dos.

2. ***Miasmes délétères*** : émanations néfastes, corrosives.

Il tint bon pourtant. N'importe quoi, pourvu qu'il puisse terminer cette lettre ! C'était le seul moyen de calmer le feu qui brûlait en lui : en écrivant à Ornella, il lui semblait qu'il parvenait à se faufiler dans sa vie, elle allait peut-être lire son message jusqu'au bout, elle allait peut-être sourire, elle allait peut-être garder cette lettre dans son sac, la feuille sur laquelle il était en train de tracer ces phrases insensées se trouverait peut-être bientôt au contact de ces merveilleux petits objets parfumés et délicats qui n'appartenaient qu'à elle, son rouge à lèvres, son mouchoir finement brodé, et toutes ces babioles énigmatiques chargées d'une troublante intimité. Et maintenant, voici la Franca qui lui tombait dessus ! [...]

Il raccrocha rageusement. Il lui semblait avoir perdu un temps irrécupérable ; sa lettre devait être postée avant qu'il soit une heure de l'après-midi, sinon elle n'arriverait à destination que le lendemain. Oui, il lui fallait s'arranger pour ne pas se trouver contraint de l'envoyer par express. [...]

Drinn, drinn, le téléphone. « Allô, ici le premier secrétaire de la cour d'appel... – J'écoute, j'écoute ! » « Allô, ici le conseil d'État, le sénateur Cormorana en personne. – J'écoute, j'écoute ! – Allô, ici le premier aide de camp de Sa Majesté l'empereur... »

Bousculé, renversé, emporté par les flots.

« Allô, j'écoute. Oui, c'est moi. Merci, Votre Excellence, je vous suis vraiment très obligé[1]... Mais bien sûr, immédiatement, mon général... Je vais m'en occuper sans tarder, merci infiniment... – Allô, j'écoute !... Évidemment, Votre Majesté, sur-le-champ, Votre Majesté, je me prosterne à vos pieds, Votre Majesté... » (Son stylo, abandonné, roule lentement jusqu'au bord de la table, s'arrête un instant en équilibre puis tombe à pic, brise sa plume, s'arrête enfin.) « Je vous en prie, asseyez-vous, mais bien sûr, mettez-vous à votre aise, non, si vous permettez : vous serez mieux dans ce fauteuil-ci, qui est bien plus

1. ***Obligé*** : redevable.

confortable, mais quel honneur inespéré ! vraiment, franchement merci… Un café ? une cigarette ?… »

Combien de temps dura cette tornade ? Des heures, des jours, des mois, des millénaires ? Quand tomba la nuit il se retrouva seul, enfin.

Mais, avant de quitter la pièce, il voulut remettre un peu d'ordre dans ce tombereau de paperasses, de dossiers, de comptes rendus, de protocoles, d'études qui s'étaient accumulés sur son bureau. Tout en dessous de cette énorme pile, il trouva une feuille de papier à lettres sans en-tête, écrite à la main. Il reconnut sa propre écriture.

Intrigué, il lut. « Quelles stupidités ! Quels ridicules enfantillages ! Qui sait quand j'ai pu les écrire ? » se demanda-t-il, cherchant en vain à rameuter ses souvenirs, avec une pénible sensation de désarroi jamais encore éprouvée. Et il se passa une main dans les cheveux devenus désormais d'un gris argenté. « Mais vraiment, quand ai-je pu barbouiller de telles inepties ? Et d'ailleurs : qui était cette Ornella ? »

« Une lettre d'amour », *Panique à la Scala*,
trad. Michel Breitman, © Robert Laffont, 1989.

Analyse et perspectives

1. Pourquoi peut-on dire que l'écriture de cette lettre est marquée par la discontinuité ?
2. En quoi la chute de la nouvelle questionne-t-elle le rapport entre le temps et l'échange ?
3. Vous arrive-t-il d'enregistrer des brouillons d'e-mails pour les reprendre plus tard ? Qu'en déduisez-vous ?

■ Entretien avec Benoît Melançon, « Quelle différence avec la lettre ? Le fétichisme » (1999)

Universitaire québécois, Benoît Melançon est l'un des pionniers de l'analyse littéraire appliquée au courrier électronique. Interrogé par une journaliste de *Libération,* il livre ses réflexions sur la singularité de l'e-mail et réfute l'idée selon laquelle ce dernier se substituerait à la lettre classique : dématérialisé, le courriel modifie en profondeur le rapport au temps qui caractérise la communication écrite.

[« On ne pleure pas sur un ordinateur »]

La distinction fondamentale serait qu'il n'y a pas de fétichisme possible avec l'« e-mail » ?

Quand on reçoit une lettre, on reçoit un objet, une chose. Le courrier électronique est, au sens littéral, dématérialisé, désincarné. Ce n'est pas un objet. Le fétichisme qui peut être attaché à la lettre ne peut pas du tout l'être à l'e-mail. Je parle de fétichisme, parce qu'une lettre, c'est ce qui remplace le corps de l'autre. Quand on reçoit une lettre, d'une certaine façon, on reçoit le corps de l'autre. Avec un courrier électronique, tout ce qu'on reçoit, c'est des électrons. Dans les correspondances réelles, ou les romans épistolaires, on voit partout les gens faire des choses avec des lettres, parce que ce sont des objets. On peut froisser une lettre, la brûler, pleurer dessus ou l'écrire avec son sang. On ne pleure pas sur un ordinateur, on ne froisse pas un écran cathodique et on ne connaît pas d'exemple de portables déchirés en petits morceaux et confiés au vent.

Après une rupture, on brûle sa correspondance. Il y a là un rite, une dimension spectaculaire. Avec le courriel, tout ce que vous pouvez faire, c'est effacer le message que vous avez à l'écran, en faisant *delete*, ce qui, évidemment du point de vue du rituel, n'est pas très fort. Vous pouvez aussi brûler les messages imprimés que vous avez reçus, mais ce ne sont pas les messages que l'autre a touchés. Quand on veut conserver un message important, on l'imprime, et on voit alors que ce texte n'est que du texte. Le fétichisme épistolaire est textuel et matériel. Si tant est que le fétichisme électronique soit concevable, il ne saurait être que textuel.

L'« e-mail » changerait le rapport au temps, à l'espace et à l'absence ?

Écrire une lettre supposait classiquement un rapport particulier au temps et à l'absence. L'absence constituait à la fois un thème de la lettre et sa condition d'existence.

Quand, comme moi, on lit beaucoup de lettres, on voit que les correspondants sont obsédés par le temps. « Je vous ai écrit il y a deux semaines, vous ne m'avez pas répondu… » Mais les intervalles de temps dont se nourrissait la lettre ont été « écrasés » par la quasi-instantanéité du courrier électronique. On écrit un message en se disant qu'il arrivera tout de suite, que la personne soit dans la pièce d'à côté ou à l'autre bout de la planète. Traditionnellement, à cause de l'épaisseur du temps, la lettre obligeait à se mettre en scène. On écrivait : « Vous êtes en train de me lire », ce qui signifiait : « Nous sommes séparés, mais faisons comme si nous étions ensemble. » De la fiction pure. Alors que dans l'e-mail, c'est vrai. Je suis en train de vous écrire et, dans vingt secondes, vous serez en train de me lire. À partir du moment où on sait qu'on est dans l'instantanéité, on ne raconte pas la même chose, pas de la même façon. Les lettres sont généralement plus longues que les e-mails, et l'épistolier ne cesse de se montrer en train d'écrire. Une introspection étrangère au courriel qui est fait pour faire et faire vite, et qui dit : « échangeons ce que nous avons à échanger, réglons ce que nous avons à régler ».

Pourquoi dites-vous que l'« e-mail » est un échange asynchrone nourri par une illusion de synchronicité ?

La lettre est totalement asynchrone et sait qu'elle ne pourra jamais être synchrone. Les épistoliers pouvaient bien se dire : « J'aimerais bien que nous soyons ensemble », ils savaient très bien qu'ils n'étaient pas ensemble, et c'est pour ça qu'ils s'écrivaient. Le courrier électronique aussi est une forme d'échange asynchrone mais, sans jamais être dans le temps réel, il s'en rapproche. Si on n'a pas de réponse immédiate, c'est louche. Parce qu'on rêve d'être dans la communication immédiate : pas de frontières, pas d'espace, pas de temps, les choses circulent. Le médiologue [1] Nicholas Negroponte ou le philosophe Paul Virilio ont déjà dit que l'autoroute de l'information modifiait la conception moderne de l'espace et du temps. C'est vrai aussi pour l'e-mail. Et c'est une transformation de notre conception du monde et des relations avec les autres.

À quoi tient cette circulation « pandémique [2] » des énoncés dont vous parlez ?

D'abord, dans l'e-space, le temps est compté. L'internaute fait comme s'il était impératif, parfois au détriment de la réflexion, de répondre immédiatement à tout appel traversant son écran. Quitte à le regretter. Et à renvoyer un message disant : « J'ai répondu trop vite. » Les mordus de l'ordinateur (comme la plupart des gens qui écrivent sur son rôle dans la société) sont des gens pressés, obsédés par la vitesse, pour qui l'instant a plus de valeur que la durée. Il y a aussi visiblement un plaisir à faire circuler l'information : on se met à envoyer des copies de ce qu'on reçoit à des tas de gens. Au XVIIIe siècle, il arrivait qu'on copie une lettre à la main, mais c'était long et compliqué. Photocopier un texte est déjà plus rapide, mais ce n'est pas un geste

---

1. ***Médiologue*** : spécialiste de la médiologie, discipline qui étudie la manière dont les messages s'élaborent et se transmettent au cours du temps.
2. ***Pandémique*** : qui se propage aussi largement qu'une épidémie.

qu'on fait spontanément. En revanche, c'est « trop facile » de répercuter un message électronique à cinquante personnes. Là où des règles relativement claires existaient (la lecture en cercle transformait *parfois* du privé en du public, on photocopiait *parfois* son courrier), il n'y a plus rien. Que des mots qui transitent d'une machine à une autre, en attente d'un lecteur, libres tels des électrons dont l'erre [1] peut n'avoir de fin que la dernière ligne d'un carnet d'adresses.

« Quelle différence avec la lettre ? Le fétichisme », interview de Natalie Levisalles,
© Nathalie Lavisalles/*Libération*, 15 janvier 1999.

Analyse et perspectives

1. Peut-on fétichiser un courriel ? Pourquoi ?
2. En quoi l'échange par e-mails modifie-t-il notre rapport au temps ?
3. Pensez-vous que notre quotidien personnel et professionnel soit envahit par une « circulation pandémique des énoncés » ?

■ Marc Escola, « Cliquez, c'est posté » (1999)

Marc Escola est professeur de littérature française et de théorie littéraire à l'université Paris VIII. Peut-on encore parler de correspondance en matière de numérique ? s'interroge-t-il dans cet article datant des toutes premières heures de l'e-mail. Écriture spontanée et relativement immédiate, le courrier électronique semble en effet contrevenir aux codes traditionnels de l'échange épistolaire. Cependant, grâce aux moyens techniques qui le soutiennent, il incite les usagers à redéfinir l'espace de leur conversation et à en renouveler la forme. Le numérique n'impliquerait pas tant une révolution du langage qu'une redéfinition des relations

1. *L'erre* : la lancée.

intersubjectives. Il préserve par ailleurs ce qui fait le miel de toute correspondance : le contretemps.

[« L'absence de repentir »]

L'échange de mails peut-il constituer une correspondance ? Avant de m'adonner moi-même au courrier électronique, je balançais entre deux opinions qui se sont révélées également fausses : la première, que la dimension technique de l'échange dépersonnalisait l'expression ; la seconde, que son immédiateté enlevait à la relation épistolaire ce qui fait précisément son prix. Au mieux, le courrier électronique n'était qu'un substitut du fax ; au pire, il se substituait au téléphone ; dans tous les cas, il était surtout destiné aux échanges professionnels. Je devais découvrir que les contraintes techniques, ici comme ailleurs, ne décident pas uniformément de la réalité des pratiques : elles viennent instituer un espace où peuvent ensuite s'inventer librement des usages. [...]

Comment expliquer que j'ai eu très vite l'envie, comme bien d'autres sans doute, d'instituer avec tel ou telle ami(e) une correspondance électronique régulière, alors même que des échanges téléphoniques également réguliers suffisaient jusque-là au suivi de notre relation, et que l'idée ne me serait pas venue de lui adresser avec la même fréquence des courriers classiques ? Il faut sans doute faire la part de l'attrait de la nouveauté et des commodités matérielles : tout à la joie d'explorer ce nouveau mode de communication, rien ne s'opposait à ce que nous multipliions les mails à loisir, d'autant que l'échange requiert un temps dérisoire et qu'il ne coûte à peu près rien. Nous nous serions cependant très vite lassés, s'il ne nous était peu à peu apparu que les mots échangés électroniquement ne trouvaient nulle place ailleurs, ni dans nos rencontres, ni dans nos conversations téléphoniques, ni dans nos rares courriers classiques.

Plus exactement : nous inventions dans nos courriers électroniques non pas tant une nouvelle langue qu'une nouvelle relation ; nous étions bel et bien « en correspondance » : nous nous disions des choses que nous n'aurions pas seulement songé à formuler de vive voix, ou qui n'auraient sans doute pas fait l'objet d'un échange épistolaire traditionnel. Un espace nouveau nous était donné, dont nous étions décidés à faire profiter notre relation en acceptant qu'elle puisse par là même se transformer.

Quels paramètres techniques sont venus circonscrire cet espace et de quoi avons-nous exactement profité ?

De l'absence de contrainte de longueur : rien ne vient déterminer *a priori* la longueur d'un courrier électronique, et l'on peut lui confier un message d'une brièveté qui serait scandaleuse sur un feuillet de papier dûment enveloppé ; nous nous échangions des manières de cartes postales qui ne voyageaient pas à ciel ouvert, mais qui transitaient mystérieusement d'écran à écran.

De la nécessaire existence d'un titre : on ne peut envoyer un mail que si l'on a préalablement rempli le cartouche « objet du message », sauf à se contenter de la désolante mention par défaut « aucun objet » (quel correspondant peut bien accepter que son message soit ainsi désigné comme étant sans objet ?). La simple existence de ce cartouche suffit sans doute à transformer profondément le statut du courrier : le titre est la première information que le correspondant recevra, avant même d'ouvrir le message ; il dessine un horizon d'attente, introduit du jeu entre l'objet affiché et la teneur réelle du message, favorise les allusions obliques ; mieux encore : il dramatise le moment d'ouverture du courrier, et se prête toujours en retour à une possible réinterprétation.

De l'interdiction du repentir : le courrier électronique est constitutivement sans brouillon ; on peut certes amender continûment son texte avant de cliquer sur le bouton « envoyer », mais à partir de cette ultime étape, aucun repentir n'est possible.

Cliquez, c'est posté : la rapidité du geste se substitue au lent cheminement qui sépare, pour un courrier traditionnel, la fin de la rédaction, le libellé de l'adresse, la fermeture de l'enveloppe, la pose du timbre et le trajet jusqu'à la boîte postale la plus proche. Combien de lettres non envoyées dorment ainsi dans des tiroirs pour avoir donné à leur auteur le temps de la réflexion ? Il y a sans doute moins de mails avortés que de lettres assoupies, ne serait-ce que parce qu'il est finalement plus difficile de détruire un mail que de l'envoyer : que fera-t-on exactement de ce mail impossible ? Va-t-on l'archiver (encore nous faudra-t-il créer un dossier *ad hoc*[1]) ? Le détruire ? Il faudra alors accepter de le voir glisser vers la poubelle…

De la diffraction : un mail peut toujours en cacher un autre. Rien n'empêche de multiplier les mails, d'en envoyer plusieurs au cours de la même journée, d'enchaîner ainsi les post-scriptum en donnant une existence visible aux repentirs et aux contradictions au lieu de les laisser au secret d'un tiroir. Avec cette conséquence proprement immaîtrisable, mais qui fait pour moi tout le sel des courriers électroniques, que l'on ignore tout de la disponibilité réelle de son correspondant : si l'on est à peu près sûr que les courriers lui parviennent en temps réel (sauf dysfonctionnement du serveur, qui n'excède jamais quelques minutes), si l'on peut être certain de l'acheminement (il est rarissime qu'un mail « se perde » absolument), on ne peut savoir en revanche à quelle fréquence le correspondant consulte sa boîte électronique, et moins encore s'il choisira de répondre isolément à chaque courrier, s'il répondra à l'ensemble ou seulement au dernier. Ce sont autant de bouteilles à la mer.

Il faut accepter ce paradoxe : si c'est l'immédiateté de l'échange qui favorise d'abord une forme nouvelle d'authenticité, ce sont les contretemps qui sont productifs ; j'écris dans l'espoir de voir l'autre répondre dans l'instant, mais il se pourrait que

1. ***Ad hoc*** : destiné à cet usage.

mon correspondant ne me réponde que demain, alors même que je lui aurai peut-être entre-temps envoyé un autre message. Cette immédiateté paradoxale est essentielle : nous n'en aurons jamais fini. C'est la formule même de la correspondance.

« Cliquez, c'est posté », (1999), mis en ligne dans l'Atelier de théorie littéraire du site « Fabula » au sein d'un ensemble de contributions sur l'épistolaire (et l'e-pistolaire) : http://www.fabula.org/atelier.php?Epistolaire.

Analyse et perspectives

1. Selon l'auteur, quelles sont les spécificités des échanges numériques ?
2. Comment comprenez-vous l'expression « de l'interdiction du repentir » ?
3. D'après l'auteur, pourquoi sommes-nous tentés de poursuivre nos échanges numériques ? Qu'est-ce qui motive essentiellement la durée d'une correspondance ?
4. Le texte date de la fin du siècle dernier. Selon vous, en quoi le rapport de l'écriture au temps s'est-il trouvé modifié dès lors que la connexion à Internet est devenue permanente (*via* l'ADSL puis le wifi) et possible sur des écrans complémentaires (téléphonie mobile 3G d'abord puis smartphone et tablette) ? L'usage illimité des SMS contribue-t-il à redéfinir la pratique et le format des mails privés ?

■ Marie Darrieussecq, « (Dé)connectée » (2012)

Écrivain et psychanalyste, Marie Darrieussecq a rédigé un court texte sur le Minitel en 2012, à l'occasion de la disparition officielle de cet ancien moyen de communication. Le Minitel a principalement été utilisé dans les années 1980 et 1990 comme annuaire téléphonique ou comme support de la vente à distance. Il a aussi vu naître les toutes premières messageries. Avec nostalgie, Marie Darrieussecq se remémore les souvenirs liés à cet objet devenu « mythique ». Par l'accélération des échanges qu'il offrait, le Minitel annonçait l'avènement d'Internet et le phénomène d'addiction qui l'accompagne.

[Échange numérique, échange hystérique ?]

Ce qu'a surtout préfiguré pour moi le Minitel, c'est la vitesse des échanges à venir. Je me souviens d'un correspondant au Japon : nous n'avions pas forcément grand-chose à nous dire, mais nous partagions l'émerveillement de pouvoir communiquer par écrit aussi rapidement. Vingt ans après, en 2011, dans un hôtel de Buenos Aires, on me vole ma tablette numérique et mon téléphone portable. Je « perds tous mes contacts » (phrase ultracontemporaine). La première chose que je fais, c'est demander qu'on me prête un ordinateur pour pouvoir accéder à mes mails. Plus tard, je me suis souvenue que dans ce même hôtel, en 1997, j'avais reçu un fax : un événement – presque alarmant. Je me suis souvenue qu'il était normal d'attendre une semaine ou plus pour recevoir la réponse à une lettre. Je ne suis pas sûre que nos inconscients se soient adaptés à ces changements, à la rapidité de ces changements : passer, en moins de vingt ans, du temps-semaine au temps-minute.

Pourquoi suis-je devenue si rapidement « accro », et si durablement, à l'échange ultrarapide de courriers ? Le téléphone portable ne m'a pas autant fascinée que ce dialogue écrit instantané. Je préfère écrire que parler, mais ce n'est pas parce que je suis écrivain. Je crois que nous sommes très nombreux à être devenus à moitié fous à cause des e-mails et des textos. À cause de l'attente bien spécifique qu'ils génèrent, de la qualité spéciale de cette attente. La vitesse des échanges est venue adhérer à la forme de nos névroses. Lire et écrire à toute vitesse, à la vitesse du désir. Lire et écrire comme inassouvissement. Ce que proposent les e-mails et textos (chacun avec leur différence), c'est une interface de l'hystérie. Les obsessionnels y trouvent aussi leur compte : ils peuvent vérifier, classer, dupliquer. Sans parler des paranoïaques, dont le besoin de surveillance est constamment réactivé. En bonne hystérique, j'adore cette vitesse, et je ne m'y habitue pas, elle me grise toujours autant. Et mes premiers shoots de ces échanges ultrarapides, je les dois au Minitel, à cette petite boîte toute bête et pratique, qui ouvrait sur d'autres têtes, penchées sur d'autres écrans. Longtemps je me suis connectée de bonne heure… [1].

« (Dé)connectée », in *Next*, supplément culturel de *Libération*, © Marie Darrieussecq/*Libération*, 4 février 2012.

Analyse et perspectives

1. En quoi les échanges numériques induisent-ils une accélération du temps ?
2. Selon l'auteur, qu'est-ce qui rend possible le phénomène d'addiction ?
3. Combien de fois par jour consultez-vous vos différentes messageries et écrivez-vous de textos, de tweets et d'e-mails ? Attendez-vous une réponse dans l'heure à vos messages ?
4. Seriez-vous capable de passer « trois jours sans écran [2] » ? Qu'en déduisez-vous ?

---

1. ***Longtemps je me suis connectée de bonne heure*** : hommage au célèbre *incipit* du roman de Marcel Proust, *Du côté de chez Swann* (1913), « Longtemps je me suis couché de bonne heure. »

2. Référence à l'initiative d'associations qui, depuis 2003, incitent les jeunes à ne plus allumer d'écran – ordinateur, télévision, console – pendant un certain laps de temps pour lutter contre la dépendance technologique et la violence que véhiculent ces outils.

3. Entre proximité et distance

Les lieux traditionnellement dévolus à la conversation – les salons, les cafés, les salles de restaurant... – doivent désormais cohabiter avec un espace dématérialisé (ou « e-space »). Le modèle du salon, illustré par celui de Mme Verdurin dans *Un amour de Swann* (p. 82), a progressivement été délaissé pour celui du forum, dont les usages diffèrent. Tandis que le salon reposait sur une élection des participants, une restriction des sujets de conversation et une prise de parole hiérarchisée, les échanges sur Internet autorisent un nombre illimité de participants et n'imposent aucune règle apparente dans l'ordonnancement des discours. Comme l'explique Marcienne Martin dans son essai *Le Langage sur Internet, un savoir-faire ancien numérisé* (p. 86), la communication sur la Toile est simplement conditionnée par des signaux informatiques. Quelles sont les conséquences d'une telle évolution ? Quels changements, quels gains ou quelles pertes peuvent apporter les relations virtuelles par rapport aux relations en face à face ?

Pour Philippe Breton (p. 89), le numérique serait l'occasion de faire naître une parole plus directe en détachant l'échange des contraintes de la présence physique. Supprimer les présences physiques dans la situation de communication, est-ce cependant supprimer les obstacles à un échange accompli ? Cet idéal d'une harmonie sociale sans médiation a été mis en scène par Asimov dans un roman de science-fiction : *Face aux feux du soleil* (1956) interroge le rôle de la proximité physique dans l'échange (p. 92). Dans une société où les hommes ne communiquent plus que par écrans interposés, que devient la conversation ? Peut-elle s'affranchir complètement du corps et de l'espace ?

À l'image de Pascal Lardellier (p. 97), beaucoup reconnaissent que la relation virtuelle propose une alternative, voire une échappatoire, au réel avec ses plaisirs propres, sans remplacer pour autant les contacts directs. Pour certains, le virtuel serait même un moyen de déclencher des rencontres authentiques.

■ Proust, *Du côté de chez Swann* (1913)

Dès sa jeunesse, Marcel Proust (1871-1922) fréquente les salons aristocratiques de Paris, ce qui lui vaut la réputation de dilettante mondain. Dans *Un amour de Swann*, deuxième partie de *Du côté de chez Swann* (premier tome d'*À la recherche du temps perdu*, 1913-1927), le narrateur, Swann, tombe amoureux d'Odette de Crécy, une cocotte qu'il a rencontrée dans le salon des Verdurin. Autour de ce couple gravite un véritable « clan » qui se conforme aux usages de la conversation bourgeoise. Dans l'*incipit* du roman, Proust brosse avec finesse et subtilité le fonctionnement du salon des Verdurin : encadrée, la parole ne s'y déploie qu'avec l'approbation des maîtres du lieu.

[Le « petit clan » des Verdurin]

Pour faire partie du « petit noyau », du « petit groupe », du « petit clan » des Verdurin, une condition était suffisante mais elle était nécessaire : il fallait adhérer tacitement à un Credo [1] dont un des articles était que le jeune pianiste, protégé par Mme Verdurin cette année-là et dont elle disait : « Ça ne devrait pas être permis de savoir jouer Wagner comme ça ! », « enfonçait » à la fois Planté et Rubinstein [2] et que le docteur Cottard avait plus de diagnostic que Potain [3]. Toute « nouvelle recrue » à qui les Verdurin ne pouvaient pas persuader que les soirées des gens qui n'allaient pas chez eux étaient ennuyeuses comme la pluie, se voyait immédiatement exclue. Les femmes étant à cet égard plus rebelles que les hommes à déposer toute curiosité

---

1. ***Credo*** : principe.
2. À l'époque où Proust situe cet épisode de *Du côté de chez Swann*, Francis Planté (1839-1934) et Anton Rubinstein (1829-1894) sont de célèbres pianistes.
3. Médecin reconnu qui soigne Vinteuil, le ***docteur Potain*** n'est guère apprécié de Mme Verdurin, au contraire du ***docteur Cottard*** que la maîtresse de maison adule bien qu'il ne brille pas en société.

mondaine et l'envie de se renseigner par soi-même sur l'agrément des autres salons, et les Verdurin sentant d'autre part que cet esprit d'examen et ce démon de frivolité pouvaient par contagion devenir fatal à l'orthodoxie de la petite église, ils avaient été amenés à rejeter successivement tous les « fidèles » du sexe féminin.

En dehors de la jeune femme du docteur, ils étaient réduits presque uniquement cette année-là (bien que Mme Verdurin fût elle-même vertueuse et d'une respectable famille bourgeoise excessivement riche et entièrement obscure avec laquelle elle avait peu à peu cessé volontairement toute relation) à une personne presque du demi-monde, Mme de Crécy, que Mme Verdurin appelait par son petit nom, Odette, et déclarait être « un amour », et à la tante du pianiste, laquelle devait avoir tiré le cordon [1] ; personnes ignorantes du monde et à la naïveté de qui il avait été si facile de faire accroire que la princesse de Sagan et la duchesse de Guermantes étaient obligées de payer des malheureux pour avoir du monde à leurs dîners, que si on leur avait offert de les faire inviter chez ces deux grandes dames, l'ancienne concierge et la cocotte eussent dédaigneusement refusé.

Les Verdurin n'invitaient pas à dîner : on avait chez eux « son couvert mis » [2]. Pour la soirée, il n'y avait pas de programme. Le jeune pianiste jouait, mais seulement si « ça lui chantait », car on ne forçait personne et comme disait M. Verdurin : « Tout pour les amis, vivent les camarades ! » Si le pianiste voulait jouer la chevauchée de *La Walkyrie* ou le prélude de *Tristan* [3],

1. ***Laquelle devait avoir tiré le cordon*** : laquelle devait avoir été concierge (« tirer le cordon » signifiant « ouvrir la porte d'un immeuble de l'intérieur », c'est-à-dire depuis la loge).
2. ***On avait chez eux « son couvert mis »*** : on était sûr d'être toujours accueilli à bras ouverts.
3. *La Walkyrie* (1870) et *Tristan et Isolde* (1865) sont deux opéras de Richard Wagner (1813-1883).

Mme Verdurin protestait, non que cette musique lui déplût, mais au contraire parce qu'elle lui causait trop d'impression. « Alors vous tenez à ce que j'aie ma migraine ? Vous savez bien que c'est la même chose chaque fois qu'il joue ça. Je sais ce qui m'attend ! Demain quand je voudrai me lever, bonsoir, plus personne ! » S'il ne jouait pas, on causait, et l'un des amis, le plus souvent leur peintre favori d'alors, « lâchait », comme disait M. Verdurin, « une grosse faribole [1] qui faisait s'esclaffer tout le monde », Mme Verdurin surtout, à qui – tant elle avait l'habitude de prendre au propre les expressions figurées des émotions qu'elle éprouvait – le docteur Cottard (un jeune débutant à cette époque) dut un jour remettre sa mâchoire qu'elle avait décrochée pour avoir trop ri.

L'habit noir était défendu parce qu'on était entre « copains » et pour ne pas ressembler aux « ennuyeux » dont on se garait comme de la peste et qu'on n'invitait qu'aux grandes soirées, données le plus rarement possible et seulement si cela pouvait amuser le peintre ou faire connaître le musicien. Le reste du temps, on se contentait de jouer des charades, de souper en costumes, mais entre soi, en ne mêlant aucun étranger au petit « noyau ».

Un amour de Swann, GF-Flammarion, 2002.

Analyse et perspectives

1. Quels sont les codes à respecter si l'on veut appartenir au « petit noyau » des Verdurin ?
2. Qui choisit le droit d'entrée dans ce salon ?
3. Citez d'autres exemples de salons de conversation. En existe-t-il encore aujourd'hui ?

---

1. ***Faribole*** : baliverne, sornette.

© BNF

■ *Une ruelle*, gravure de Chauveau (XVIIe siècle) illustrant *Artamène ou le Grand Cyrus*, 1649-1653, de Madeleine de Scudéry. Au XVIIe siècle, les convives s'installent dans la ruelle (espace libre entre le mur et le lit). Ces précieuses discutent de littérature et échangent des propos raffinés dans un langage très appliqué.

■ Marcienne Martin, *Le Langage sur Internet, un savoir-faire ancien numérisé* (2007)

Que devient le salon de conversation sur Internet ? Docteur en sciences du langage, Marcienne Martin s'est appliquée à répondre à cette question dans un ouvrage consacré au « langage sur Internet ». Alors que la conversation courante impose un nombre de participants limité et des règles de prise de parole, l'« e-space » semble échapper à ces conventions : à tout moment, chacun peut s'immiscer sur le forum de son choix et engager ou poursuivre une conversation. L'ordre d'apparition des messages n'obéit qu'aux seuls impératifs techniques.

[Qui et combien êtes-vous derrière l'écran ?]

Référer à l'espace de l'Internet, c'est prendre en compte une nouvelle donne en matière de nombre de participants impliqués dans l'échange conversationnel. En effet, la technologie numérique qui sous-tend cet objet médiatique permet à un nombre illimité d'internautes de se connecter à tel ou tel salon de conversation. Certains salons peuvent afficher un grand nombre de participants, comme l'explicite Anis in[1] *Parlez-vous texto ?* : « Chaque salle, placée sous l'autorité d'un responsable, est réservée à un sujet de conversation. Seul inconvénient : il arrive que plusieurs centaines d'internautes discutent en même temps sur le canal » et il ajoute : « Les conversations peuvent donc vite tourner à la cacophonie ». C'est dire combien nous sommes loin du schéma conversationnel en cours dans la vie réelle et pour lequel ce type d'échange serait voué à l'échec.

Sur l'Internet, chaque usager est seul derrière sa machine et c'est l'ensemble de ces unités qui forme un groupe informel,

1. *In* : dans (mot latin).

composé par les participants de telle ou telle salle de bavardage. Par ailleurs, la perception que peut avoir l'internaute sur le nombre de locuteurs impliqués dans l'activité à laquelle il participe, est flouée ; afin de pallier le problème soulevé par le très grand nombre d'usagers connectés, en même temps, à la même salle de conversation, il a été mis en place des entretiens dits « privés » et exprimés par l'abréviation « PV ». Nous pouvons en découvrir dans les énoncés suivants avec une demande de PV en [197] et un refus à cette offre en [200] :

[197] <titeuf91> une femme ou fille un p

[200] <Camille> rodolphe_no_pv re toi lol

En ce qui concerne les tours de parole, nous sommes ici dans le cas de figure où la structure numérique, qui sous-tend le média Internet, prend en charge la gestion de cet événement. [...]

Avant d'aborder la séquence dans laquelle le message écrit apparaît sur l'écran, arrêtons-nous sur sa procédure de réalisation, décrite ainsi par Anis : « Pour entrer dans les salles de conversation, on se connecte à un serveur de conversation qui fournit une liste de canaux dans laquelle chacun sélectionne celui auquel il souhaite se joindre. » Évoquant les thématiques mises en place par tel ou tel canal et qui serviront d'objets fédérateurs autour desquels vont s'articuler les différents échanges entre locuteurs, cet auteur ajoute que : « tous les sujets, à toutes les heures du jour et de la nuit, avec des internautes connectés aux quatre coins du monde, existent sur le Net » (2001, p. 22).

Revenons, donc, à la procédure qui permet l'entrée de l'usager dans une salle de conversation. Après avoir choisi un salon et l'avoir rejoint, l'usager s'identifie grâce à un pseudonyme ; ce dernier relève du choix personnel du « locuteur/internaute ». Toujours devant son écran, l'internaute voit s'afficher une fenêtre, laquelle est divisée en trois blocs. Le bloc le plus important est celui dans lequel se succèdent les messages des internautes, au fur et à mesure qu'ils sont envoyés ; dans le deuxième bloc sont affichés les pseudonymes de chacun des participants ; le troisième bloc correspond à un espace dédié aux différents messages que l'internaute désire envoyer au groupe, ou à tel ou tel participant. La rédaction du message implique l'utilisation du clavier et c'est avec la touche « enter » que l'usager va valider son écrit et permettre son affichage à l'écran. Chaque usager a, donc, la possibilité de faire afficher à l'écran sa séquence conversationnelle. [...]

Comme nous venons de le voir au cours de ce paragraphe, sur l'Internet, ces facteurs ne sont plus dépendants de la bonne socialisation des locuteurs en présence, mais bien de l'envoi de données numériques. Corrélativement aux fonctions présentées ci-dessus, la durée de l'échange est interdépendante du système informatique. Que l'internaute frappe deux lignes ou dix sur le clavier, la vitesse d'affichage à l'écran restera la même, car elle est simultanée à l'enfoncement de la touche « enter » du clavier. Les messages tapés et envoyés à l'écran sont pris en compte par la machine, au fur et à mesure de leur présentation, et l'internaute n'a aucun pouvoir quant à la préséance [1] de tel ou tel message sur un autre.

Le Langage sur Internet, un savoir-faire ancien numérisé,
© L'Harmattan, coll. « Langue et parole », 2007, p. 24-28.

Analyse et perspectives

1. D'après l'auteur, quelles sont les différences majeures entre la conversation de salon et la discussion sur Internet ?
2. Qu'est-ce qui détermine finalement les règles conversationnelles d'un forum de discussion ?
3. Pensez-vous que les forums aient remplacé les salons ? Vous-mêmes, fréquentez-vous régulièrement des forums de discussion sur Internet ? Qu'en déduisez-vous ?

1. ***Préséance*** : ici, droit d'apparaître en premier.

■ Philippe Breton, « Internet : une fausse révolution ? » (1999)

Docteur d'État en sciences de l'information et de la communication, Philippe Breton défend l'idée selon laquelle le média Internet ne modifie pas fondamentalement l'usage de la conversation. Il réactive cependant un ancien débat : dans la communication en face à face, la présence physique des interlocuteurs ne peut-elle être une entrave à la bonne marche de l'échange ? Pour certains, le face-à-face implique en effet une médiation sociale : le contenu de nos propos serait apprécié en fonction de notre apparence, de notre vécu et des usages sociaux. La communication virtuelle, qui abolit les identités réelles, permettrait au contraire l'émergence d'une parole plus transparente.

[Le corps dans l'échange : obstacle, ou présence nécessaire ?]

Ainsi va-t-on répétant parfois naïvement que « grâce à Internet, on peut désormais communiquer partout dans le monde avec n'importe qui ». C'est vrai… à condition d'oublier que cette possibilité est déjà offerte par le réseau téléphonique : avec une ligne téléphonique et un annuaire international, on peut depuis longtemps « communiquer avec n'importe qui dans le monde entier, même des gens que l'on ne connaît pas », en appelant un correspondant anonyme à Moscou ou en Australie. La question est alors de savoir ce que l'on peut bien avoir à dire à quelqu'un que l'on ne connaît pas et qu'on n'a pas d'autre raison d'appeler que celle de la possibilité de l'appeler. Mais, dira-t-on, ce n'est pas la même chose, car accéder à Internet crée, d'une certaine façon, « un effet de communauté ». Le paradoxe est que celle-ci devrait disparaître au fur et à mesure qu'Internet devient universel et que chacun y a accès. Cela a été le cas, historiquement, pour le téléphone, qui réunissait au début des communautés d'utilisateurs. Il y avait des réseaux de médecins, de banquiers, d'agents de change, et ces réseaux n'étaient pas connectés entre eux. Le téléphone est-il l'avenir d'Internet ? Dans ce cas, il faut évidemment s'attendre à une banalisation de l'outil. [...]

Une révolution ancienne

[...] Les nouvelles technologies de communication bouleversent-elles notre conception de la conversation ? À cette question, la réponse est probablement négative. Internet, de ce point de vue, n'est pas une révolution. En fait, si l'on devait pointer les véritables changements radicaux qui ont eu lieu dans le domaine du transport des messages, ils seraient principalement de deux ordres.

L'écriture, d'abord, qui détache la communication et la conversation des contraintes de la présence physique. On peut, grâce à elle, différer, dans le temps et dans l'espace, l'échange de paroles. Celles-ci peuvent résonner aux oreilles de leur destinataire sans que celui qui en est l'émetteur ne soit contraint d'être immédiatement présent ou même n'ait besoin d'être encore vivant (la conversation devient alors, au sens strict, « virtuelle »). De ce fait, l'usage de l'écriture a posé et pose encore de véritables et nouveaux problèmes à l'humanité.

Les télécommunications, ensuite, qui détachent la communication des contraintes de l'éloignement en rétablissant l'instantanéité malgré la distance. Là aussi les innovations de cette vaste famille de techniques (télégraphe puis téléphone, radio, télévision) posent des problèmes originaux.

Ces deux ordres de techniques, l'une inventée il y a 6 000 ans, l'autre il y a deux siècles, se fondent et se complètent dans un ensemble où l'on peut communiquer instantanément en dehors de toute présence physique de l'interlocuteur. Internet, au fond, permet de les cumuler. [...]

Entre présence ou absence

Un autre débat, qui n'est pas si éloigné du premier, concerne l'opposition présence/absence en communication. Là aussi on trouve une ligne de partage des eaux assez traditionnelle. Pour les uns, la communication et la conversation ne se déroulent bien que dans le contexte d'une mise en présence physique, l'absence du corps étant considérée comme une perte essentielle. Pour les autres, la communication ne se déploie véritablement bien, à l'inverse, que dans un contexte virtuel, désincarné. L'anonymat corporel y permet le développement d'une conversation enfin transparente. Ce clivage recouvre-t-il un désir de supprimer toute médiation dans un cas, d'en interposer une dans l'autre ? Les choses ne sont pas si simples. Les apologues [1] d'Internet insistent souvent sur, justement, l'absence de médiation que le système permettrait selon eux. Ainsi le courrier électronique serait-il vertueux en ceci qu'on ne s'y embarrasserait pas des habituels préliminaires phatiques [2]. Droit au but dans une conversation tout entière placée sous le signe de la transparence, voilà l'idéal de la communication directe sur Internet.

Le développement d'Internet est ainsi porté par l'idée qu'enfin cesserait sur la communication l'emprise de la médiation dans un monde nouveau où l'on pourrait « communiquer sans entrave ». On y entend même un discours aux accents curieux qui voit dans l'existence des « intermédiaires » la source de tous les maux, de tous les profits indus, de tous les contrôles possibles. Directement du producteur au consommateur, et le plus vite possible. On nous promet à court terme le naufrage économique de tous les profiteurs de la médiation (comme les responsables de la distribution dans le commerce, les journalistes

---

1. ***Les apologues*** : ceux qui font l'éloge.
2. ***Préliminaires phatiques*** : précautions prises dans le discours pour s'assurer de la bonne transmission du message. Sur la fonction phatique du langage, voir le schéma de la communication défini par Jakobson (dossier, p. 167).

dans le domaine de l'information, les enseignants dans celui du savoir). L'identité de chacun finit même, dans un tel esprit, par constituer une médiation insupportable par son poids d'histoire personnelle…

Face à cela les contre-feux sont minces. Ils consistent paradoxalement à affirmer la nécessité de la médiation même dans la communication directe. La présence en effet ne signifie pas qu'il n'y ait pas interposition, souhaitable ou non. Mais la présence n'est rien sans la mémoire qui la charge de sens, sans la trace forte de la personne elle-même.

« Internet : une fausse révolution ? », in *La Conversation*, dir. Gérald Cahen, © Autrement, coll. « Mutations », 1999, p. 183-190.

Analyse et perspectives

1. Selon l'auteur, pourquoi Internet ne constitue-t-il pas une révolution dans l'histoire de la communication ?
2. En quoi y a-t-il absence de médiation dans les échanges numériques ? En quoi cela est-il bénéfique selon certains ?
3. Êtes-vous d'accord avec la dernière phrase du texte ? Justifiez votre réponse.

■ Isaac Asimov, *Face aux feux du soleil* (1956)

L'auteur américain Isaac Asimov (1920-1992) est considéré comme l'un des plus grands écrivains de science-fiction. Une partie importante de son œuvre est consacrée à la science de la robotique. *Face aux feux du soleil* est un modèle du genre. Le roman se déroule sur une colonie de la Terre, Solaria. Les habitants de cette planète vivent seuls, s'interdisent tout contact physique et sont assistés de robots qui ont été conçus pour ne pas les blesser. Dans cet univers ultraprotégé, un crime a pourtant lieu. Un Terrien, Baley, est chargé de mener l'enquête. Dans l'extrait suivant, Baley découvre le réseau élaboré de télétransmission qui relie les Solariens entre eux : bien que physiquement éloignés, ces derniers peuvent avoir l'illusion parfaite d'être réunis en un même lieu. Les Solariens font néanmoins la distinction entre leur corps physique et leur image virtuelle. Tandis que, médusé, l'inspecteur voit apparaître dans son champ de vision sa première interlocutrice, intégralement nue, celle-ci lui explique avec ingénuité qu'il ne s'agit que d'une projection d'elle-même, une nudité virtuelle qui ne saurait se confondre avec l'impudeur d'un réel face-à-face.

[Ceci n'est pas un corps nu]

Chapitre IV
Vision d'une femme

Baley se mit à considérer le plancher : où s'achevait la pièce où il se trouvait, où commençait l'autre ? C'était assez facile à voir. Il y avait une ligne de démarcation où la lumière changeait d'intensité, ce devait être là.

Il s'avança jusqu'à cette ligne, puis après un instant d'hésitation, passa la main au-delà.

Il n'éprouva aucune sensation, pas plus que s'il avait passé la main à l'intérieur d'un champ tridimensionnel aussi fruste que ceux fabriqués sur Terre. Mais là, du moins, il aurait pu voir encore sa main : flouc, peut-être, masquée par l'image, mais il l'aurait vue. Tandis qu'ici elle avait complètement disparu. Pour ses yeux, son bras se terminait là, sectionné au poignet.

Et s'il traversait complètement la ligne, très probablement sa vision serait anéantie. Il se trouverait dans un monde de ténèbres parfaites. La pensée d'entrer dans une enceinte aussi bien close était presque agréable.

Une voix vint interrompre le cours de ses méditations. Il leva la tête et regagna sa place avec une hâte maladroite.

Gladia Delmarre parlait. Du moins, Baley présumait que c'était elle. La partie supérieure du rideau de lumière qui fermait la cabine de douche s'était dissipée et une tête se détachait clairement.

Elle sourit à Baley :

« Je vous disais bonjour et m'excusais de vous faire patienter. Je serai sèche dans un instant. » [...]

Elle sortit de sous le séchoir, la main tendue vers le bouton d'appel, tout en continuant de parler :

« J'ai toujours pensé qu'il me faudrait plus d'un bouton d'appel dans cette pièce. Ce n'est pas une maison bien conçue si on n'a pas de moyen d'appel à portée de la main à quelque endroit où l'on se trouve, disons à moins de deux mètres. C'est vraiment... Oh ! qu'y a-t-il ? »

Elle fixait, abasourdie, Baley, qui d'un bond s'était levé de son fauteuil, et s'était retourné précipitamment.

Daneel[1] dit avec calme :

« Il vaudrait mieux, madame Delmarre, qu'après avoir appelé le robot, vous retourniez dans la cabine ou bien que vous passiez quelques vêtements. »

Gladia contempla avec surprise son anatomie sans voile et dit :

« Mais oui, bien sûr ! »

Chapitre V
Discussion autour d'un meurtre

« Après tout, cela n'a pas d'importance, puisqu'il ne s'agit que de stéréovision[2] », dit Gladia, l'air contrit.

Elle s'était enveloppée dans quelque chose qui lui laissait les épaules et les bras nus. On voyait une jambe jusqu'à mi-cuisse mais Baley, qui s'était repris et se sentait un prodigieux imbécile, faisait stoïquement[3] semblant de ne rien voir.

---

1. *Daneel* : robot qui assiste Baley dans son enquête.
2. *Stéréovision* : procédé technique qui permet de communiquer à distance avec une autre personne en ayant l'illusion de se trouver à ses côtés.
3. *Stoïquement* : sans montrer qu'il est perturbé.

« La surprise, madame Delmarre… m'a…

– Oh ! ce n'est rien. Appelez-moi Gladia, à moins que ce ne soit contraire à vos habitudes.

– Bien ! Donc, Gladia, il faut que je vous dise que vous n'aviez rien de repoussant. Comprenez-moi bien, c'est de surprise que j'ai réagi ainsi. » (C'était déjà assez idiot d'avoir joué les imbéciles au naturel, pensait-il, sans qu'en plus il laisse la pauvre fille penser qu'il la trouvait horrible. En fait, il la trouvait, en quelque sorte…)

Bon, bon, il n'arrivait pas à énoncer sa pensée, mais il était bien sûr d'une chose : c'est qu'il ne saurait, en aucune façon, en parler à Jessie [1].

« Je me rends compte que je vous ai choqué, dit Gladia, mais c'était tout à fait involontaire. J'avais seulement l'esprit ailleurs. Bien sûr, je conçois qu'il faille respecter les usages des autres planètes, mais quelquefois leurs coutumes sont si bizarres ; non, pas bizarres, se reprit-elle hâtivement. Je ne veux pas dire bizarres mais différentes, vous comprenez, et c'est si facile de les enfreindre sans y penser. Comme je n'ai pas pensé, non plus, à faire voiler les fenêtres.

– Ne vous inquiétez pas », murmura Baley. (Elle était dans une autre pièce maintenant où toutes les ouvertures étaient voilées et où la lumière avait une valeur légèrement différente et, plus agréable, d'éclairage artificiel.)

« Mais, en ce qui concerne ma tenue, continua-t-elle très sérieusement, comme c'était simplement par stéréovision… Après tout, cela ne vous choquait pas de me parler quand j'étais sous le séchoir, et là non plus je n'avais rien sur le corps.

– Oui, fit Baley, en souhaitant qu'elle laisse enfin tomber la question, mais vous entendre parler est une chose et vous voir en est une autre.

– Mais c'est la même chose car il ne s'agit pas de voir. »

1. ***Jessie*** : épouse de Baley.

Elle rougit légèrement et baissa les yeux :

« J'espère que vous ne pensez pas que je me livrerais à un acte tel, c'est-à-dire de sortir ainsi du séchoir, si quelqu'un s'était trouvé là pour me voir. Ici, ce n'était simplement que visionner.

– C'est la même chose, s'étonna Baley.

– Oh non ! Pas du tout. À l'instant même, vous me visionnez. Vous ne pouvez pas me toucher, n'est-ce pas ? Ni sentir mon parfum, ni rien de tout cela. Vous le pourriez si vous me voyiez. Mais, pour l'instant, je me trouve au moins à trois cents kilomètres de l'endroit où vous êtes. Ce ne peut pas être la même chose, donc. »

Baley commençait à trouver la question passionnante :

« Mais je vous vois de mes deux yeux.

– Non, vous ne me voyez pas. Vous ne voyez qu'une image de moi : vous me visionnez, c'est tout.

– Mais où cela fait-il la moindre différence ?

– C'est aussi différent que le blanc et le noir.

– Hum ! Je comprends ! » (Et c'était vrai en un sens. Ce n'était certes pas un distinguo qui lui serait venu à l'esprit aisément, mais il ne manquait pas d'une certaine logique.)

Elle dit alors, en penchant légèrement la tête de côté :

« Vous comprenez réellement, donc.

– Oui.

– Est-ce que cela veut dire que ça ne vous ferait rien si j'ôtais ma serviette de bain ? » (Ceci dit avec un gentil sourire.)

Elle cherche à me taquiner, pensa Baley. Je devrais la prendre au mot. Mais, tout haut, il se contenta de dire :

« Non, cela risquerait de me distraire de mon travail. Nous en discuterons une autre fois. »

Face aux feux du soleil, *Le Grand Livre des robots*, t. I,
trad. André-Yves Richard, © Omnibus, 1990, p. 777-780.

Analyse et perspectives

1. Pourquoi peut-on parler ici de nudité virtuelle ?
2. Quelle est toutefois la réaction de l'inspecteur ? La trouvez-vous compréhensible ?

L'échange à l'heure du numérique : pour le meilleur et pour le pire

La révolution numérique est-elle source de changements positifs sur notre façon de communiquer ?

Illustration : Almasty pour *Usbek & Rica* n° 6, du 26 avril 2012

▲ Illustration d'un article consacré à la révolution numérique dans la revue *Usbek & Rica*, n° 6, printemps 2012 (voir également dossier, p. 186).

▲ Dessin de presse de David Fitzsimmons paru dans le journal américain *The Arizona Star*, le 22 juin 2009, en pleine contestation des résultats de l'élection présidentielle consacrant le maintien au pouvoir du conservateur Mahmoud Ahmadinejad, soupçonné de fraude électorale. Le soulèvement a été appelé « Révolution Twitter » en raison de l'importance qu'a eu le réseau social dans l'organisation des manifestants. Rapprochant une Iranienne de la statue de la Liberté (et, à cette occasion, leurs attributs respectifs : flambeau et tables de la loi pour l'une, téléphone portable et ordinateur pour l'autre), l'illustration est un hommage à Neda Agha-Soltan, une jeune femme tuée par balle le 20 juin 2009 au cours d'une de ces manifestations.

© AP Photo / Stringer / Sipa

▲ Si le Web joue un rôle très important en matière d'organisation et de mobilisation, il est aussi un espace d'expression et de partage du savoir sans équivalent. Le mouvement des Anonymous s'est fait le gardien de cette liberté sur la Toile. Sur cette photo, affublés de leur masque de Guy Fawkes, ses membres manifestent pour soutenir Julian Assange, cofondateur de Wikileaks (voir aussi p. 132), arrêté en décembre 2010 par la police britannique à la suite d'une accusation de viol, démentie depuis. Cette affaire intervenait peu après la publication sur Wikileaks de milliers de documents confidentiels de la diplomatie américaine.

© Warner Bros / Collection Christophel

Sur Internet, l'individu se trouve affranchi des contraintes auxquelles il est habitué dans l'échange direct et s'ouvre à l'autre, voire se révèle autre. Les personnages de Tom Hanks et Meg Ryan l'expérimentent à leur manière dans le film de Nora Ephron, *Vous avez un message* (1998).

Créant des conditions d'échange démultipliées, Internet attire-t-il systématiquement les contraires ? ou renforce-t-il les communautarismes qui traversent la société ?

© Claude Combet

© gunnar3000 - Fotolia.com

▲ Le risque d'une sociabilité à distance n'est-il pas celui d'une sociabilité désincarnée, y compris dans des domaines qui touchent au plus intime de l'être ? Cette touche « Love » sur un clavier traduit le fantasme d'un ordinateur omnipotent qui piloterait notre rapport aux autres.

© Catherine Beaunez / Iconovox

◀ Sur cette illustration, la dessinatrice Catherine Beaunez met en scène la « génération Y », née avec Internet et parfaitement à l'aise avec l'échange à distance.

© Photo12/Tetra Images

▲ Dans le monde virtuel, la transparence est de mise dans nos échanges, et les traces que nous laissons bien réelles. À nous d'assumer toutes nos vies, de part et d'autre de l'écran.

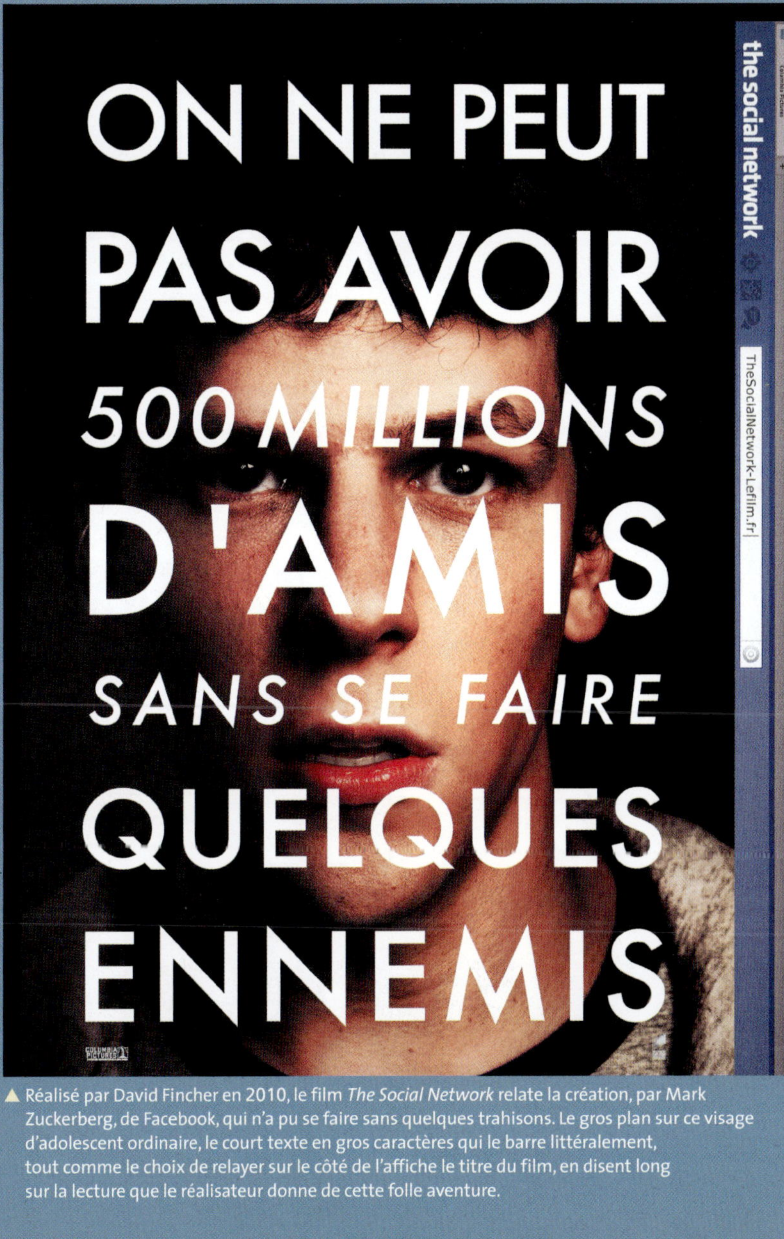

▲ Réalisé par David Fincher en 2010, le film *The Social Network* relate la création, par Mark Zuckerberg, de Facebook, qui n'a pu se faire sans quelques trahisons. Le gros plan sur ce visage d'adolescent ordinaire, le court texte en gros caractères qui le barre littéralement, tout comme le choix de relayer sur le côté de l'affiche le titre du film, en disent long sur la lecture que le réalisateur donne de cette folle aventure.

© Columbia Pictures / Collection Christophel

© Obion Création Studio Flammarion

▲ Sur son blog, le dessinateur Obion publie cette planche (que nous reproduisons par extraits ; voir www.obion.fr/blog), où il dénonce quelques travers des réseaux sociaux avec d'autant plus de causticité qu'il est lui-même sur Facebook : un outil paradoxal, capable du meilleur pour relier les personnes entre elles mais souvent utilisé, sinon pour le pire, du moins pour un vain bavardage.

■ Pascal Lardellier, *Le Cœur Net : célibat et amours sur le Web* (2004)

Poursuivant son étude sur des phénomènes de société, Pascal Lardellier (voir aussi p. 54) envisage ici l'amour à l'heure d'Internet. Après avoir relevé les causes qui ont conduit à l'accroissement du nombre de célibataires et à l'évolution des codes classiques de la séduction, l'auteur étudie les spécificités des relations amoureuses sur la Toile.

[Passer du personnage à la personne]

Vers la rencontre

De nombreux paramètres se sont conjugués depuis deux décennies pour obscurcir et complexifier les relations hommes/femmes : la judiciarisation (d'origine nord-américaine) de leurs rapports, la sédentarisation des MST [1], les discours ambigus de « l'idéologie de la communication » ou des médias autour du plaisir... Dans cet environnement morose, on comprend combien l'arrivée des NTIC [2] – qui proposent un type de relations désincarnées et désengagées – a été une bouffée d'air, une échappatoire. Car les rapports amoureux inventés par Internet conviennent infiniment à l'air du temps, en comblant ce « double besoin de distance et d'intimité », tout en permettant aux *singles* [3] de maîtriser, de contrôler totalement la rencontre, d'un point de vue technique et social.

Cependant il ne saurait être question, pour la plupart des « solos du Net », de rester éternellement tapis derrière l'ordinateur. Alors, il faut s'efforcer de croire aux « relations AZERTY [4] »,

---

1. ***La sédentarisation des MST*** : la fixation des maladies sexuellement transmissibles.
2. ***NTCI*** : nouvelles technologies de la communication et de l'information.
3. ***Singles*** : célibataires (terme anglo-saxon).
4. ***Relations AZERTY*** : relations par claviers interposés (d'après l'appellation commune des claviers francophones, les lettres A, Z, E, R, T et Y en formant les premières touches).

s'y investir, pour rencontrer peut-être la « perle rare », « l'âme sœur », dans les détours du réseau. Et nous avons compris combien le parcours est difficile et incertain. « Du premier message écrit à la rencontre » (pour reprendre le sous-titre de ce chapitre), « comme une course de spermatozoïdes, avec beaucoup d'appelés et peu d'élus », comme je le disais de manière drolatique dans *Libération*. Il s'agit d'un long parcours : la première « bouteille à la mer », donc. Puis du contact noué au dialogue instauré, de l'écrit à la voix (le téléphone), jusqu'à la rencontre, « l'épreuve de réalité ». « Vient en effet toujours un moment où il faut éteindre les machines et *parler à quelqu'un*. Toutes les compétences que l'on a avec les techniques n'induisent en rien une compétence dans les relations humaines ».

Une « relation AZERTY » investie procure bien des plaisirs à ses deux protagonistes. Paroles et imagination, confidences et fantasmes, désir… Avec, par-delà les mots et les rêves, l'intuition qu'une belle histoire d'amour est à portée de mains. Pour y accéder, les clics mécaniques de la souris ne suffisent plus. Voici venir le moment de quitter le confort de l'anonymat et du « pseudo », celui de la nuit lumineuse et solitaire de l'écran. Voici venir le moment de s'exposer, de se dévoiler enfin. Voici venir le frisson et le vertige de la rencontre.

Le Cœur Net : célibat et amours sur le Web,
© Belin, coll. « Nouveaux Mondes » 2004, p. 186-187.

Analyse et perspectives

1. Selon l'auteur, à quoi est dû l'essor de la séduction numérique ?
2. En quoi la virtualité a-t-elle cependant un impact sur la réalité ?
3. D'après vous, la séduction numérique est-elle un prolongement de la séduction épistolaire, ou bien en diffère-t-elle ?

III. Sociabilité numérique, sociabilité spécifique

L'ère numérique a donné naissance à une multiplication d'outils qui permettent aux individus de s'exprimer virtuellement afin d'échanger et de partager des contenus, des informations et des opinions. Au-delà des blogs et des forums, des supports comme Wikipédia (pour les environnements collaboratifs) et des interfaces comme Facebook (pour les réseaux sociaux), MSN (pour le dialogue en ligne) et Twitter (pour les réseaux sociaux et microblogs) sont utilisés et plébiscités par des millions d'internautes [1]. Si le numérique a profondément transformé notre manière de nous construire et d'interagir avec le monde, peut-on pour autant parler d'une sociabilité spécifique à ce dernier ?

Pour certains, les réseaux sociaux permettent d'échanger sans limites et sans intermédiaire, pour d'autres, ils marquent la disparition de la vie privée, voire l'avènement d'une société de surveillance généralisée. Dans quelle mesure ces supports nés de la révolution numérique touchent-ils à l'intimité et à la façon de s'exprimer ? Par conséquent, en quoi affectent-ils la construction de soi et modifient-ils le rapport aux autres ?

Les révolutions arabes ont montré qu'Internet offrait à des voix minoritaires la possibilité de s'exprimer, de résister, voire de changer une situation. En France, lors des élections présidentielles de

1. Ainsi, Facebook compte environ huit cents millions d'inscrits, dont trois cent cinquante millions de mobinautes (chiffres de janvier 2012).

2012, le débat politique encadré par les médias traditionnels s'est doublé d'un débat, plus libre, plus spontané et davantage participatif sur le Web. Ces récents exemples conduisent à s'interroger : les nouveaux outils d'échange n'invitent-ils pas également à redéfinir l'espace démocratique et, au sein de ce dernier, ne permettent-il pas un renouveau du débat public ? Mais, ce faisant, entraînent-ils nécessairement l'action ? Autrement dit, les nouveaux moyens de communication aident-ils chacun à mieux exercer sa citoyenneté ? La question mérite en effet d'être posée à plus d'un titre. Car si la révolution numérique a rendu possible une circulation de l'information à l'échelle planétaire et en temps réel, les échanges ont-ils gagné en qualité de contenu ? Offrant une liberté d'expression à tout un chacun, Internet a brouillé les frontières entre parole d'experts et parole d'amateurs, si bien qu'on peut s'interroger : existe-t-il encore aujourd'hui une parole légitime ?

1. Du jeu de masques au jeu de rôle

Dans son *Misanthrope* (p. 102), Molière montrait que le fait de vivre en société implique pour l'individu de porter un masque qui annihile toute spontanéité ou sincérité dans les échanges au profit d'une politesse mondaine faite de compromis et de non-dits. D'après Pierre Mercklé (p. 105), en offrant la possibilité de modifier à loisir une identité, un « profil », les nouveaux modes d'échanges modifient ce rapport à la sociabilité ; ils permettent en outre de s'affranchir des barrières sociales rencontrées dans la réalité. Dans *La Démocratie Internet* (p. 108), Dominique Cardon confirme ce phénomène en soulignant que les outils numériques de communication conduisent à un morcellement des représentations de soi. Le sociologue isole en outre une spécificité de ces nouveaux modes d'échange : le fait pour deux internautes de se parler en rendant leur conversation publique signe la fin de la vie privée. La porosité

Avec l'aimable autorisation de SFR, © Samuel Bollendorf et Éric Walther pour Textuel La Mine

■ En 2010, à la demande de SFR, Samuel Bollendorf et Éric Walther réalisent le webdocumantaire intitulé *Homo Numericus, Portraits d'une révolution invisible*. En interrogeant experts et utilisateurs, les deux journalistes y montrent comment, au-delà des bouleversements qu'il a opéré sur l'économie (presse, culture, commerce...), le numérique s'est immiscé dans nos modes de vie.

entre espace public et espace privé aboutit à un contrôle par tous et à un développement du voyeurisme. Elle conduit aussi à stigmatiser les réseaux sociaux en ligne : certains y voient un appauvrissement des échanges. Pour Hubert Guillaud (p. 111), la critique est mal ciblée et les nouveaux modes de communication ne modifient pas en profondeur la sociabilité. Ils ne sont toutefois pas sans conséquence dans la relation amoureuse, comme le montre l'article de Julia Vergely (p. 115).

■ Molière, *Le Misanthrope* (1666)

Comédie grinçante en cinq actes et en vers, *Le Misanthrope* de Molière (1622-1673) met en scène le noble Alceste qui critique l'hypocrisie régnant en société et s'enorgueillit de dire à ses interlocuteurs ce qu'il pense d'eux en toutes circonstances. L'atrabilaire est pourtant amoureux de la coquette et médisante Célimène, dont il espère modifier le caractère...
Au début de l'acte I, Alceste reproche à son ami Philinte les amabilités exagérées qu'il témoigne à ceux qu'il connaît à peine. Philinte tente en vain de le convaincre que, dans certaines situations, toutes les vérités ne sont pas bonnes à dire.

[« Quelques dehors civils que l'usage demande »]

Acte I, scène 1

ALCESTE

Je veux qu'on soit sincère, et qu'en homme d'honneur,
On ne lâche aucun mot qui ne parte du cœur.

PHILINTE

Lorsqu'un homme vous vient embrasser [1] avec joie,
Il faut bien le payer de la même monnoie [2],

1. ***Embrasser*** : étreindre.
2. ***Monnoie*** : ancienne graphie pour « monnaie ».

Répondre, comme on peut, à ses empressements,
Et rendre offre pour offre, et serments pour serments.

ALCESTE

Non, je ne puis souffrir [1] cette lâche méthode
Qu'affectent la plupart de vos gens à la mode ;
Et je ne hais rien tant que les contorsions [2]
De tous ces grands faiseurs de protestations,
Ces affables donneurs d'embrassades frivoles,
Ces obligeants diseurs d'inutiles paroles,
Qui de civilités avec tous font combat [3],
Et traitent du même air l'honnête homme et le fat [4].
Quel avantage a-t-on qu'un homme vous caresse,
Vous jure amitié, foi, zèle [5], estime, tendresse,
Et vous fasse de vous un éloge éclatant,
Lorsqu'au premier faquin [6] il court en faire autant ?
Non, non, il n'est point d'âme un peu bien située [7]
Qui veuille d'une estime ainsi prostituée ;
Et la plus glorieuse a des régals [8] peu chers,
Dès qu'on voit qu'on nous mêle avec tout l'univers :
Sur quelque préférence une estime se fonde,
Et c'est n'estimer rien qu'estimer tout le monde.
Puisque vous y donnez, dans [9] ces vices du temps,
Morbleu ! vous n'êtes pas pour être de mes gens [10] ;

1. ***Souffrir*** : supporter, tolérer.
2. ***Contorsions*** : grimaces, gestes faux et manquant de naturel.
3. ***Font combat*** : font assaut.
4. ***Le fat*** : l'idiot, avec une nuance de contentement de soi.
5. ***Zèle*** : ferveur amoureuse
6. ***Faquin*** : terme injurieux qui vient de « portefaix », porteur de fardeaux, pour désigner un homme qu'on méprise.
7. ***Située*** : noble, fière.
8. ***Régals*** : au sens propre, cadeaux, divertissements ; par extension, gratifications, contentements.
9. ***Vous y donnez, dans*** : vous vous adonnez à.
10. ***Vous n'êtes pas pour être de mes gens*** : vous ne méritez pas de faire partie de mes amis.

Je refuse d'un cœur la vaste complaisance
Qui ne fait de mérite aucune différence ;
Je veux qu'on me distingue ; et pour le trancher net,
L'ami du genre humain n'est point du tout mon fait.

PHILINTE

Mais quand on est du monde, il faut bien que l'on rende
Quelques dehors civils [1] que l'usage demande.

ALCESTE

Non, vous dis-je, on devrait châtier, sans pitié,
Ce commerce honteux de semblants d'amitié.
Je veux que l'on soit homme, et qu'en toute rencontre
Le fond de notre cœur dans nos discours se montre,
Que ce soit lui qui parle, et que nos sentiments
Ne se masquent jamais sous de vains compliments.

PHILINTE

Il est bien des endroits où la pleine franchise
Deviendrait ridicule et serait peu permise ;
Et parfois, n'en déplaise à votre austère honneur,
Il est bon de cacher ce qu'on a dans le cœur.
Serait-il à propos et de la bienséance [2]
De dire à mille gens tout ce que d'eux on pense ?
Et quand on a quelqu'un qu'on hait ou qui déplaît,
Lui doit-on déclarer la chose comme elle est ?

ALCESTE

Oui.

Le Misanthrope, Flammarion, coll. « Étonnants Classiques », 2011.

1. ***Dehors civils*** : marques de politesse.
2. ***Et de la bienséance*** : et conforme à la bienséance, convenable.

Analyse et perspectives

1. Dans quel domaine Alceste prône-t-il la franchise et l'honnêteté ? Quels sont ses arguments ?
2. Quels sont ceux que lui oppose Philinte ?
3. Pensez-vous que nous adoptons toujours un masque social ? Dans quelles circonstances pensez-vous être le plus « vous-même » ?

■ Pierre Mercklé, *Sociologie des réseaux sociaux* (2011)

Maître de conférences en sociologie à l'École normale supérieure de Lyon, Pierre Mercklé est spécialisé dans l'étude des réseaux sociaux. Dans la nouvelle édition de son ouvrage *Sociologie des réseaux sociaux*, parue en 2011, il s'intéresse notamment aux réseaux sociaux sur Internet ; il étudie les incidences de leur développement sur le sens donné à la sociabilité et à l'amitié, et leur impact sur la construction de l'identité.

[Les réseaux sociaux révolutionnent-ils l'« invention de soi » ?]

La fragmentation des identités

Au terme d'une longue enquête longitudinale au cours de laquelle presque une centaine de jeunes ont été interrogés pendant plus de dix ans sur les évolutions de leur sociabilité, Claire Bidart concluait que l'hétérogénéité relative des réseaux personnels offrait à l'adolescent, puis à l'adulte qu'il devenait ensuite, « la possibilité de changer mais aussi de simplement rester ambivalent, sans qu'une trop grande cohésion et transparence dans son réseau le place devant des contradictions ouvertes ». Dans un premier temps, il a beaucoup été dit qu'Internet, en favorisant les liens faibles et donc l'hétérogénéité sociale, en donnant la possibilité à chacun de se présenter différemment sur différentes scènes sociales, permettait la variation intra-individuelle des identités culturelles. Les discours n'ont pas manqué, de fait, sur la fragmentation et la « prolifération » des identités, sur l'apparition d'un « moi plus flexible, ouvert et multiple, ayant ainsi valeur de modèle pour le moi postmoderne, conçu comme un moi qui joue avec sa propre image, qui s'invente lui-même et peut aller jusqu'à induire les autres en erreur par sa capacité à manipuler les informations qui le concernent ».

Internet serait ainsi le lieu privilégié d'expressions identitaires carnavalesques qui permettrait de rompre avec l'obligation d'être soi, les contraintes et la fatigue qu'elle est susceptible d'engendrer. C'est en tout cas une des raisons probables de l'engouement des adolescents pour ces nouvelles formes de communication : le téléphone portable et Internet sont chez eux revêtus d'une valeur sociale qui dépasse de très loin leurs seules fonctionnalités techniques. Ils font désormais partie des ressources autour desquelles se négocie le passage entre l'enfance et l'adolescence, et leur valeur est donc en réalité liée à la fois à de forts enjeux identitaires (qui se nouent autour du modèle du portable, de sa personnalisation, du carnet d'adresses, du pseudo, de la façon d'écrire), aux façons qu'ils ont d'outiller l'« aspiration à la tranquillité » des adolescents et à leur désir d'étanchéité entre la sphère amicale et la sphère familiale. Si les nouvelles technologies de communication n'ont pas créé ces aspirations somme toute anciennes, elles ont néanmoins contribué à leur mise en œuvre.

L'identité transparente

Avant l'avènement de Facebook, Internet a pu effectivement apparaître comme une sorte de carnaval, c'est-à-dire non pas un renversement ou une subversion radicale des structures sociales, mais plutôt une imitation caricaturale et circonscrite dans le temps qui contribue plutôt en définitive à les perpétuer : c'est en effet à cela qu'a ressemblé en particulier Second Life[1], ce monde virtuel pire que le monde réel, et dont la mode est largement passée.

Mais Facebook est arrivé, et force est de constater que cela change considérablement la donne : pour commencer, les *hexis*[2] organisés par les dispositifs techniques de ces sites (moteurs de recherche, critères de sélection et d'appariement) font que chacun ne rencontre finalement que des personnes qui lui ressemblent, et autorisent à parler ici d'une véritable « endogamie numériquement assistée ».

Il n'en reste pas moins qu'il n'est pas absurde de faire l'hypothèse que la multiplication des liens faibles et donc des « ponts » entre milieux et groupes sociaux, due à la diffusion des nouvelles technologies de communication en général et à l'explosion des réseaux sociaux en ligne en particulier, peut être au principe d'un affaiblissement des hiérarchies sociales : dans l'univers de la sociabilité à distance, les structures relationnelles seraient moins marquées par le poids des déterminants sociaux (de sexe, de classe, d'âge, d'appartenance ethnique…), c'est du moins ce que laissent entendre une partie des travaux de la dernière décennie sur les relations entre capital social et stratification sociale. Internet serait de ce point de vue une sorte d'espace social carnavalesque, où les individus pourraient s'affranchir des règles et des contraintes sociales habituelles, et jouer à oublier ou changer leur condition. Chez les adolescents, les nouvelles formes de communication permettent de s'affranchir de certaines normes du groupe de pairs, en particulier de celles qui les

1. ***Second Life*** : à mi-chemin entre le jeu et le réseau social, univers virtuel créé en 2003 permettant à ses utilisateurs d'incarner des personnages dans un monde qu'ils ont eux-mêmes inventé.
2. ***Hexis*** : mot grec que l'on peut traduire ici par « usages ».

assignent aux pairs de même sexe et limitent la fréquentation en face à face des pairs de l'autre sexe.

Sociologie des réseaux sociaux, © La Découverte, coll. « Repères », 2011.

Analyse et perspectives

1. En quoi les réseaux sociaux permettent-ils d'adopter diverses identités ?
2. Pourquoi dire de Facebook qu'il a participé à l'affaiblissement des hiérarchies sociales ?
3. Pensez-vous que, plus que le monde réel, le monde virtuel vous permet surtout de rencontrer des gens qui vous ressemblent ?

■ Dominique Cardon, *La Démocratie Internet : promesses et limites* (2010)

Dans son essai *La Démocratie Internet*, le sociologue Dominique Cardon (voir aussi p. 150) souligne que l'une des plus grandes singularités des nouveaux moyens de communication est de rendre publique la parole personnelle, intime. Ce changement transforme les interlocuteurs en acteurs et entraîne le glissement d'une société de transparence vers une société de surveillance.

[Big Friend is watching you]

La communication privée en public

[...] La communication privée en public est l'une des formes d'échange les plus originales qui soient apparues avec les réseaux sociaux de l'Internet. Deux internautes se parlent l'un à l'autre mais le font devant les autres, jouant de la visibilité, démonstrative et frimeuse, qu'ils donnent de leurs échanges personnels. Ils se laissent des petits mots sur leur page respective, des commentaires, des encouragements, des signes d'amour ou d'amitié, des blagues ou des liens vers des vidéos musicales. Cet étrange jeu théâtral, dans lequel les utilisateurs miment l'aparté tout en parlant au su et au vu de spectateurs potentiels, permet de parader devant eux, d'afficher des *private jokes* et de jouer de sous-entendus. Ces communications privées en public créent chez leurs destinataires, mais aussi chez ceux qui en sont les spectateurs, du trouble, de la fierté, du rire ou de la gloire, toutes opérations qui reproduisent les pratiques de reconnaissance au sein de petits groupes. Elles ouvrent une microscène sur laquelle les personnes jouent et rejouent sans cesse leur image devant les autres.

Plus encore que dans le monde réel, la réputation sur Internet n'est pas une conséquence présumée de l'appartenance statutaire, mais un travail continu de validation de ses accomplissements personnels. Ce processus de singularisation témoigne de la remise en cause des rôles sociaux traditionnels et de la division fonctionnelle du travail de présentation de soi. Sous l'effet des processus d'individualisation, les personnes sont de plus en plus réticentes à maintenir dans un état figé les rôles qu'elles endossent et, surtout, de plus en plus désireuses d'afficher de la souplesse dans la gestion des différentes facettes identitaires dont elles s'habillent en fonction des contextes familiaux, amicaux ou professionnels. Dans le monde en réseau de l'Internet, c'est même ce jeu qui est valorisé comme une attitude ouverte et « cool » : on doit savoir être à la fois distant et familier, sérieux et complice, abstrait et confident, etc. Cette crise des rôles conventionnels ne signifie en rien un abandon de la distance à soi. Elle marque plutôt le souci des individus de se confectionner eux-mêmes, et selon des stratégies qui leur sont propres, une image qui se serait émancipée des formats convenus. Il s'agit, en bref, de « contrôler le décontrôle » des représentations de soi.

La fin de la vie privée ?

La porosité entre l'espace de la sociabilité et l'espace public se paie du risque de voir des informations personnelles exposées au regard de tous. À la « surveillance institutionnelle » de l'État et des entreprises, autour de laquelle s'organisait le débat sur les données personnelles, se superpose aujourd'hui une « surveillance interpersonnelle » d'un nouveau type. Avec la démocratisation des instruments d'observation que les plateformes relationnelles distribuent à leurs utilisateurs, l'exposition de soi est un risque que l'on prend d'abord devant ses proches, ses voisins, ses collègues ou son employeur. Facebook est sans conteste l'emblème de ce nouveau panoptisme [1] horizontal. Les enquêtes auprès des étudiants montrent que, à leurs yeux, le risque réside d'abord dans les figures d'autorité qui leur sont proches – parents ou professeurs –, bien avant les entreprises et le gouvernement.

La prophétie deleuzienne [2] du passage d'une société disciplinaire à une société de contrôle prend ici tout son sens, puisque, de manière décentralisée, chacun ne cesse de surveiller les autres et soi-même. Le contrôle politique ou marchand des traces s'ancre de plus en plus profondément dans les pratiques des citoyens eux-mêmes. Comment les sensibiliser aux risques de la surveillance institutionnelle lorsque ceux-ci rendent eux-mêmes publiques des informations personnelles et développent une insatiable curiosité pour les faits et gestes des autres ?

En rendant plus plastiques et poreuses les formes de prise de parole, Internet favorise la circulation des informations, tout en visant une plus grande « transparence » des sociétés. Il contribue à répandre tout un ensemble de contenus jusqu'alors retenus par des digues techniques, juridiques, institutionnelles ou

1. ***Panoptisme*** : doctrine d'organisation sociale pour surveiller les individus.
2. ***Deleuzienne*** : de Gilles Deleuze (1925-1995), philosophe français.

commerciales. Cette libération des contenus bouleverse les frontières traditionnelles de l'économie de la connaissance et élargit l'espace de la critique en offrant de nouvelles sources à la vérification « citoyenne » ; mais elle s'accompagne aussi d'une intense circulation des informations sur les individus. Les internautes prennent donc de plus en plus de risques avec leur vie privée. Les informations qu'ils laissent sur la Toile dans des niches conversationnelles peuvent ensuite être exploitées dans un tout autre contexte par l'administration, leur employeur ou une personne qui aurait à enquêter sur leur compte.

La Démocratie Internet : promesses et limites,
© Seuil/La République des idées, 2010.

Analyse et perspectives

1. Selon l'auteur, en quoi Internet a-t-il donné naissance à un véritable jeu théâtral virtuel ?
2. Pourquoi dire de la Toile qu'elle signe la fin de la vie privée ?
3. Pensez-vous que les données personnelles que vous entrez sur Internet soient conservées ? Par qui et à quelles fins ?

■ Hubert Guillaud, « Comprendre Facebook : le rôle social du bavardage » (2011)

Journaliste, auteur et blogueur, Hubert Guillaud réagit sur « www.internetactu.fr », site consacré à l'innovation dans le domaine des technologies de l'information et de la communication, à un article du *Monde magazine* dans lequel l'auteur expliquait que les échanges sur Facebook se limitent à une parole superficielle. Selon Hubert Guillaud, la critique est mal ciblée – ce que l'on reproche aux réseaux sociaux, c'est moins la nature volatile des propos qui y sont tenus que la mémoire qu'ils en gardent – et mérite sans doute d'être déplacée...

[Facebook : les paroles ne s'envolent plus]

Apparemment, Facebook est un babillage chronophage et décérébrant

Il y a quelques mois, dans *Le Monde magazine* (sur abonnement), Frédéric Filloux, pourtant grand observateur d'Internet, dressait le portrait de Facebook, avec le dédain habituel avec lequel on considère toutes les innovations en provenance du Web. Ce qu'on échange sur Facebook (mais également sur Twitter ou la plupart des médias sociaux) se résume à un « babillage » chronophage et décérébrant, estime le journaliste et consultant. Une des pires expressions de l'infobésité [1] contemporaine.

Soit. On peut le voir ainsi. C'est pourtant ne pas voir grand-chose du fonctionnement de Facebook. C'est n'en voir que le mur, que ce fil d'actualité qui disparaît à mesure qu'il s'affiche. C'est n'en voir que ces échanges subjectifs et incomplets, ce bavardage, cette conversation permanente pour ne rien dire, et oublier qu'ils sont depuis toujours le ciment des relations sociales. Certes, l'usage des sites sociaux peut être chronophage (mais pas pour tout le monde et pas pour tous de la même manière). Quant à l'action décérébrante d'Internet qu'agitent comme une menace quelques Cassandres [2], tel Nicholas Carr [3], on sait que ce n'est pas si simple : notre capacité à être attentif n'est pas nécessairement un idéal. Si nous n'étions qu'attentifs,

---

1. ***Infobésité*** : surinformation.
2. Dans la mythologie grecque, ***Cassandre*** est le nom de la fille du roi de Troie, Priam. Elle a le don de prophétie. Par extension, son nom, utilisé comme nom commun, désigne une personne pessimiste prédisant les malheurs à venir.
3. Écrivain américain (né en 1959), ***Nicholas Carr*** est spécialisé dans les techniques informatiques ; il est très critique à l'égard du rôle d'Internet dans les médias.

en fait, nous ne pourrions pas l'être : c'est notre inattention qui nous permet de construire notre attention.

Mais surtout ce bavardage et ces échanges ne sont pas aussi vains qu'ils y paraissent, pour autant qu'on veuille bien observer le rôle social et psychologique du bavardage. […]

De l'importance sociale du bavardage

Le bavardage confirme le rôle prédominant de la communication sociale : non, nos échanges ne visent pas uniquement à l'efficacité, loin de là. Le bavardage est certes un bruit de fond, disait déjà Paolo Virno [1] : « Insignifiant en soi, il offre néanmoins la trame d'où extraire des variantes significatives, des modulations insolites, des articulations imprévues. Le bavardage ne représente pas quelque chose, mais c'est précisément en cela qu'il peut tout produire. »

Pour autant, il est par beaucoup dénoncé comme une injonction à parler, à débattre, le fruit vénéneux d'une « hypnose sociale » au profit de l'autonomie de la pensée, même si cette injonction du dialogue pour le dialogue conduit à tout confondre et à ne plus rien classer. Tout devient prétexte à bavardage et tout est bavardage. Et Facebook, permettant de bavarder sur tout, en est certainement le symbole le plus évident.

Mais Facebook n'est pas condamné parce qu'il nous permet de bavarder sur tout, mais parce que nos bavardages sont désormais écrits, affichés, indexés, cherchables, monétisables… La futilité des propos inscrits n'a pas la même valeur que ceux que la parole prononce et oublie aussitôt. D'un coup, ils s'affichent, s'archivent et deviennent reproductibles (même avec leurs tics de langage puisque « Facebook est le roman que nous écrivons tous »). […]

1. *Paolo Virno* : philosophe italien (né en 1952), dont l'œuvre traite principalement de la philosophie du langage.

Mais surtout, insiste Donath [1] : « Cela montre que les choses que vous dites n'existent que dans le contexte d'autres communications et qu'on ne peut pas les regarder de manière isolée, comme si elles étaient des publications uniques, singulières. Nos discussions ne se comprennent que dans le réseau de relations et de signes dans lequel elles s'inscrivent. » C'est-à-dire qu'il est difficile d'interpréter nos échanges sur Facebook à l'aune de ces seuls échanges. Publier sur le mur de Facebook une petite vidéo prise avec son mobile montrant un ami en train de hurler on ne sait pas quoi lors d'une soirée chahutée peut n'avoir aucun sens pour bien des relations qui en prendront connaissance. Cette vidéo qui semble isolée s'inscrit en fait dans un maillage relationnel et communicationnel qui nous est en grande partie inconnu, qui passe par un bien plus vaste maillage de relations et d'outils de communication. Sur Facebook on ne voit poindre qu'une partie du bavardage constant qui nous façonne. Mais néanmoins, même imparfaitement, il apparaît, il devient visible, lisible… Il démultiplie les relations particulières que nous avons avec chacun pour les mettre à la vue de tous, permettant à d'autres de s'en saisir, d'y trouver sens ou amusement – ou pas. […]

Un si petit monde

Dans son analyse sur les relations de cause à effet entre la composition des messages, des statuts et l'entregent d'une personne, la Data Team [2] de Facebook a aussi souligné l'importance de l'homogénéité des groupes : c'est-à-dire la tendance à avoir le même type de comportement que ses relations ; si le groupe auquel on appartient écrit des messages longs ou commente beaucoup, on a tendance à avoir le même comportement pour se conformer aux usages du groupe. Les sociologues ont

1. ***Judith Donath*** : professeure au Média Lab du Massachusetts Institute of Technology, spécialiste de l'impact social d'Internet.
2. ***Data Team*** : équipe qui s'occupe des données.

depuis longtemps mis cela en évidence, notamment dans les pratiques adolescentes, comme l'a montré Dominique Pasquier [1]. Mais ce n'est pas le cas seulement des plus jeunes : nous faisons groupe également parce que nous avons des pratiques similaires.

C'est l'« homophilie » qu'évoque Danah Boyd [2], c'est-à-dire cette capacité dans un monde en réseau à ce que les gens se connectent à des gens qui leur ressemblent ; elle a un corollaire : il est désormais facile de ne pas accéder au point de vue de gens qui ne pensent pas comme vous. « Nous vivons tous dans nos propres mondes, avec des gens qui partagent nos valeurs, et avec les médias en réseau, il est souvent difficile de voir au-delà. [...] La technologie ne bouleverse pas les clivages sociaux. Au contraire, elle les renforce. »

« Comprendre Facebook : le rôle social du bavardage »,
© www.internetactu.net, 15 mars 2011.

Analyse et perspectives

1. En quoi Facebook est-il considéré comme un bavardage qui a de l'importance ?
2. Pourquoi dire que c'est une pratique « homophile » ?
3. Pensez-vous que ces enjeux du bavardage à distance soient différents de ceux du bavardage en direct ?

■ Julia Vergely, « De la difficulté de la rupture amoureuse à l'ère des réseaux sociaux » (2011)

Sur « www.owni.fr », un site d'informations consacré à la culture numérique, la journaliste Julia Vergely a publié un reportage sur les difficultés de la rupture amoureuse à l'heure des réseaux sociaux.

---

1. ***Dominique Pasquier*** est une sociologue française spécialiste de la culture des médias.
2. ***Dana Boyd*** : sociologue américaine.

L'addiction à ces derniers complique encore l'oubli nécessaire à toute reconstruction : s'il existe bien des moyens de nettoyer les vestiges du passé sur son ordinateur, il n'y en n'a pas pour effacer du réseau la présence de l'autre.

[Rompre, c'est se quitter deux fois]

Lucie, « larguée involontaire » a rapidement pris la décision de mettre son bourreau au supplice du profil limité sur Facebook. « Pour ne pas avoir la tentation de communiquer avec lui par statut interposé. Je savais que j'allais poster des choses pour lui adresser des messages. Ce qui est assez puéril, il faut en convenir ! » Passer de largué à *hater*[1], un grand classique du genre. Et sur Facebook il faut aussi que l'autre personne agisse. Lucie ne veut pas enlever son ex de ses amis, trouvant cela puéril. Elle aurait pu utiliser cette extension Chrome, joliment baptisée « Eternal Sunshine » (du nom du film *Eternal Sunshine of the Spotless Mind*[2] sur la difficulté de l'oubli dans le couple) qui permet simplement de cacher une personne indésirable de Facebook sans avoir à l'*unfriender*[3]. C'est lâche, certes, mais c'est un acte sûrement moins déclaratif que le plus classique et cruel blocage. Mais Lucie n'a rien fait de tout ça.

« Lui ne m'a pas du tout restreint l'accès à son profil. Résultat ça a été horrible, pendant trois ou quatre mois j'ai été complètement obsédée ».

Lucie regarde tout. Les photos, les amies qu'il ajoute, le moindre post, tout est analysé. Elle a beau le *hider*[4] de sa time-

1. ***Hater*** : mot anglais qui signifie « personne qui déteste quelque chose ou quelqu'un ».
2. Film de Michel Gondry sorti en 2004.
3. ***Unfriender*** : enlever quelqu'un de sa liste d'amis sur les réseaux sociaux.
4. ***Hider*** : cacher (terme anglo-saxon).

line[1], elle ne peut s'empêcher d'y aller pour avoir son shoot quotidien. « J'avais une volonté de trois minutes. C'est comme une drogue : c'est un peu malsain, ça n'apporte rien et ça fait du mal ». Et Lucie d'ajouter qu'avant tout cela, une rupture se déroulait normalement. Qu'on finissait par ne plus voir les gens et donc par les oublier. « Là, c'est sans cesse des piqûres de rappel, qui se transforment la plupart du temps en grosses claques. Avec les réseaux sociaux, il n'y a pas de guérison. On rouvre systématiquement la plaie. » […]

Avant l'heure des amours ultraconnectées, lors d'une rupture qui se passait mal, il était toujours possible – dans les cas ultimes – d'aller espionner celui ou celle qui vous avait lâchement délaissé. Définition historique du *stalking* : l'attendre à la sortie du bureau, de son appartement. C'est ce que tente de faire Rob dans le très bon roman de Nick Hornby[2]. Mais là, problème, le risque était de passer pour un sale pervers un brin taré et de finir avec une main courante aux fesses. Aujourd'hui, l'éconduit de la génération Y[3] peut s'adonner à sa perversion sans craindre les conspuassions de la société. Depuis chez lui, le célibataire malgré lui peut tranquillement espionner de multiples profils. S'il est muni d'un smartphone, il pourra même le faire dans le métro. Personne ne le traitera de dingue et la police ne pourra rien faire pour empêcher son addiction malsaine. Personne ne le saura et cela deviendra son petit jardin secret. […]

Facebook, Twitter, Spotify ou encore Foursquare vont nourrir le lien qui a besoin d'être détruit en cas de rupture amoureuse. Même si la communication réelle n'est en rien remplacée par celle virtuelle, elle permet de maintenir un faux-semblant.

---

1. ***Timeline*** : frise chronologique ; c'est la nouvelle présentation de son profil sur Facebook, pour faire de sa vie une « histoire ».
2. ***Nick Hornby*** (né en 1957) est un écrivain britannique ; il a publié le roman *Haute fidélité* (1995) dont il est ici question.
3. ***Génération Y*** : cette expression regroupe les personnes nées approximativement entre les années 1980 et 2000.

La séparation a donc besoin de se faire deux fois selon Antonio Casilli. « Les deux ruptures doivent être négociées ensemble. La première phase est la rupture réelle, qui se fait en face à face ou au téléphone, la deuxième rupture se fait sur les usages en ligne : on bloque sur MSN, on “défriende” sur Facebook, etc. La troisième phase est celle qui consiste à arrêter d'aller se renseigner sur ses ex. C'est un acte volontaire d'aller chercher des informations, mais nous vivons dans un environnement cognitif dense, plein de traces numériques, parfois elles viennent vers nous. »

Et pour ceux qui voudraient forcer la main à l'information, des petits malins ont créé une application sur Facebook, qui n'est décidément pas un outil conçu pour l'oubli, proposant de manière pernicieuse de vous informer si votre dulcinée est de nouveau sur le marché. Le « *breakup notifier* » a en quelques jours séduit près de trois millions de personnes… avant d'être supprimé à la demande de Facebook. Le créateur de l'application, Dan Loewenherz, affirme pourtant vouloir le bien des utilisateurs. « C'est vraiment un outil pratique. Quitte à rafraîchir la page du profil de quelqu'un vingt fois par jour, pourquoi ne pas plutôt recevoir une alerte qui vous prévient quand il se passe quelque chose ? » Oui, pourquoi pas ? Maintenant vous n'avez plus qu'à passer votre temps à rafraîchir frénétiquement vos mails. Pratique.

« De la difficulté de la rupture amoureuse à l'ère des réseaux sociaux »,
© www.owni.fr, 26 février 2011.

Analyse et perspectives

1. En quoi les réseaux sociaux compliquent-ils la rupture amoureuse ?
2. Pourquoi dire qu'aujourd'hui une séparation amoureuse a besoin de se faire deux fois ?
3. Les réseaux sociaux accentuent-ils le voyeurisme ? Est-ce pour vous une nouveauté ou le reflet d'une tendance de notre société actuelle ? Justifiez votre réponse.

2. Prendre la parole, prendre le pouvoir ?

La multiplication des blogs, des forums puis des réseaux sociaux a libéré la parole, offrant aux uns et aux autres la possibilité de s'exprimer, d'échanger, de débattre, de diffuser des informations et des opinions, voire d'appeler à l'action. De ce point de vue, l'ère du numérique semble participer à une redéfinition de l'espace démocratique. Pour autant, permet-elle à chacun de mieux exercer sa citoyenneté ?
Pour David Abiker, en matière de communication et de représentation, Internet offre une parité entre hommes et femmes qu'on est loin de retrouver dans la société (ci-dessous). Dans la même perspective, Pierre Mercklé (p. 122) reconnaît qu'à travers les débats et l'activisme dont il se fait l'écho, Internet a donné naissance à une nouvelle forme de citoyenneté politique, même si cet outil ressemble plus à un espace commun d'affirmations et de conversations qu'à un réel lieu de réflexion et d'argumentation. Fabien Granjon (p. 125) relativise lui aussi le rôle du Web dans l'action collective : il ne saurait en être la cause déterminante, tout au plus est-il un catalyseur en matière d'expression, d'organisation et de mobilisation. Cette vision est aussi celle de la journaliste Sophie Lehrm à propos de Twitter (p. 129) : les liens créés par les nouvelles technologies permettent de s'ouvrir au monde mais ne suffisent pas à réinventer l'activisme social. Cependant, l'influence de mouvements tel celui des Anonymous (p. 132), qui milite pour la liberté d'informer sur Internet depuis 2006, et les peines graves qu'encourent certains pour avoir critiqué le régime de leur pays sur des réseaux sociaux (p. 135) témoignent de l'importance de ce nouveau champ d'action.

■ David Abiker, « Le Net, ce Far West de la parité... » (2012)

Journaliste et chroniqueur dans la presse écrite, à la télévision et à la radio, David Abiker s'est spécialisé sur Internet et les réseaux sociaux. Dans la chronique suivante, il aborde la question de l'égalité entre hommes et femmes. Alors qu'elle revient régulièrement au cœur de l'actualité médiatique, la parité ne semble pas réellement progresser dans notre société. De ce point de vue, Internet apparaît comme un îlot, un espace à part que les femmes ont investi au même titre que les hommes. Sur la Toile, l'identité des internautes n'est pas déterminée par la nature de leur sexe ; on n'observe pas d'inégalité dans la prise, le choix et la circulation de la parole.

[Sur Internet, nous sommes tous pairs]

Le laboratoire de l'égalité a lancé une campagne choc pour sensibiliser l'opinion aux progrès qui restent à faire en matière d'égalité hommes-femmes. Bien entendu, campagne excellente, décalée, qui défie les candidats à la présidentielle… Et après ? Jamais on n'a autant parlé d'égalité, autant causé parité, tenu colloque, manifesté même, et jamais on n'a autant pédalé dans la choucroute.

« Y a qu'à ! » En décembre, la commission sur l'image des femmes dans les médias rendait un rapport pointant « le décalage entre les représentations stéréotypées des femmes et la réalité de leurs rôles dans la société ». Le rapport dit chaque année la même chose. Chaque semaine, une initiative interpelle l'opinion.

« Faut qu'on ! » Dans les médias, surgissent des débats pleins de bonne volonté, l'occasion de convier plus de femmes que d'habitude. On tape du poing sur la table, on donne des chiffres, on se lamente sur les écarts de salaires, on félicite les associations et on se donne rendez-vous pour le 8 mars [1]. Et puis ? Rien ou presque. En réalité, le seul espace où la parité s'établit,

1. ***8 mars*** : journée internationale de la Femme.

c'est Internet, lieu de tous les vices, de toutes les insultes, de toutes les dérives modernes ; c'est où le cul, la violence et le piratage règnent en maîtres que, bizarrement, ça se passe.

Sur la Toile, il n'y a pas de numerus clausus [1] pour les femmes, la parole n'est pas le monopole du mâle blanc de plus de cinquante ans, la génération Y [2] et les *digital natives* [3] font voler en éclats les codes de la conversation, de la compétition, du débat et de la drague entre les sexes, le partage du « micro » va de soi. Le Net ignore les règles de la ségrégation sexiste et de ses quotas implicites, car une connexion égale un clavier, qui égale une voix, qui égale une femme, qui égale un homme. Selon la dernière enquête Médiamétrie, les femmes utilisent le Net autant que les hommes, mais sont plus nombreuses qu'eux sur les réseaux sociaux. Si les femmes comparent moins les prix que les hommes, elles achètent davantage. Si elles téléchargent moins et tweetent un peu moins que les hommes, elles utilisent davantage les messageries instantanées.

Le Web est bien plus égalitaire que tous les anciens médias et mixe indifféremment les contenus, qu'ils soient fabriqués par des hommes ou des femmes. Paritaire, le Net l'est aussi dans les sujets de conversation. Enfin, il est le refuge des minoritaires, le terrain d'expression favori de ceux qui s'estiment victimes d'inégalités. C'est le Web qui, depuis quinze ans, libère la parole des femmes, ce sont les technologies qui réduisent la sexuation des relations. Sur le Net, il n'y a pas de pouvoir patriarcal, les femmes jouent avec leurs identités, les pseudos mélangent les genres et abolissent les codes sociaux et esthétiques. La génération pseudo n'est pas une pseudo-génération. Même si Internet

---

1. ***Numerus clausus*** : d'après une locution latine qui signifie « nombre fermé », et qui désigne un quota de personnes autorisées.

2. ***Génération Y*** : voir note 3, p. 117.

3. ***Digital natives*** : expression américaine pour désigner la génération née avec le développement des ordinateurs et d'Internet (littéralement les « natifs du numérique »).

est aussi sexiste, violent, porno, raciste, il est un espace où les « femmes digitales » ont pris le pouvoir qu'elles n'ont nulle part ailleurs dans la société. La Toile est une sorte de Far West de la parité, où se prennent les fortins [1] du conservatisme, où se réinvente le féminisme ; c'est là, au pays des souris, des femmes et des hommes, que bougent les lignes. Le vieux monde court derrière avec ses marronniers [2], ses « y a qu'à » et ses « faut qu'on ».

« Le Net, ce Far West de la parité », © David Abiker/*L'Express*, 25 janvier 2012.

Analyse et perspectives

1. À propos de la parité, en quoi Internet s'oppose-t-il à la réalité ?
2. Comment l'auteur explique-t-il cet espace virtuel égalitaire ?
3. Pensez-vous que la Toile donne plus facilement que les médias traditionnels la parole à tous ? Justifiez votre réponse.

■ Pierre Mercklé, *Sociologie des réseaux sociaux* (2011)

Le sociologue Pierre Mercklé (voir aussi p. 105) s'interroge ici sur l'influence réelle ou supposée d'Internet dans le champ politique. Dès son origine, cet outil a été pensé comme un vecteur de circulation et de démocratisation des idées, ce qu'a confirmé par la suite son développement. Les professionnels de la politique commencent enfin à prendre la pleine mesure de ses potentialités. Pour autant, il faut se garder d'annoncer l'avènement d'une nouvelle démocratie – une démocratie numérique. Dans un espace qui juxtapose les échanges interpersonnels et la communication de masse, celle-ci pourrait bien se diluer dans un mélange des genres...

---

1. ***Fortins*** : au sens propre, petits forts (ici, employé de façon métaphorique).
2. ***Marronniers*** : en journalisme, ce terme désigne des articles sur des sujets récurrents que l'on publie en période creuse d'informations.

[La démocratie 2.0 ?]

Un certain nombre d'auteurs ont pris très tôt argument des effets potentiels d'Internet [...] pour y voir le ferment possible de l'avènement d'une nouvelle forme de démocratie politique. Cette utopie politique technophile, à la fois, et sans contradiction, libérale et libertaire, voit en effet dans Internet un vecteur de démocratisation de l'accès à l'espace public, dans la mesure où l'anonymat facilite la prise de parole et où l'outil permet l'égalité formelle des participants au débat politique. Et il n'y a du reste là rien de fortuit ou d'accidentel : Internet n'aurait en réalité pas engendré cette poussée démocratique, ce serait plutôt elle qui aurait engendré Internet, puisque, historiquement, le « réseau des réseaux », comme on le nomme parfois, est clairement né de la rencontre entre la contre-culture américaine des années 1960-1970 et l'élitisme méritocratique du monde de l'université et de la recherche.

Deux décennies plus tard, il est indéniable que certains des nouveaux usages d'Internet (blogs, groupes et forums de discussion, réseaux sociaux...) se révèlent particulièrement en phase avec de nouvelles formes de citoyenneté politique caractérisées par la contestation des élites et la confiscation de l'autorité au nom de la compétence, et donc par le refus de déléguer les prises de décision aux élus et aux « experts ». Internet pourrait avoir pour effet, de ce point de vue, de défaire les monopoles informationnels sur lesquels reposait jusque-là le pouvoir des experts. Internet s'est de fait imposé au cours des dernières années comme une nouvelle arme importante dans l'arsenal militant. Les réseaux sociaux constituent un levier puissant de l'action collective, engendrant de nouvelles formes de « médiactivisme » mobilisées de façon plus ou moins ordinaire par les petits groupements politiques (dont ils facilitent la coordination et améliorent la communication extérieure, notamment par le biais des pétitions en ligne), et de façon plus exceptionnelle par les formations de premier plan, en particulier pendant les grandes campagnes électorales – comme en témoigne le rôle joué par Internet dans la campagne électorale de Barack Obama en 2008, ou à une échelle plus modeste dans celle de Ségolène Royal en 2007.

Ces modifications suffisent-elles à conclure qu'Internet « élargit formidablement l'espace public et transforme la nature même de la démocratie » ? Faut-il aller jusqu'à parler, comme le font certains auteurs, de « démocratie 2.0 » ? Il semble que, là encore, il faille faire preuve de mesure et envisager ensemble les promesses et les limites de la « démocratie Internet », comme y invite d'ailleurs le sous-titre du livre de Dominique Cardon [1]. Internet n'est pas un média comme les autres : l'articulation qu'il établit en effet entre échanges interpersonnels (dans le prolongement du courrier et du téléphone) et communication de masse (dans le prolongement de la radio et de la télévision) est en grande partie inédite, et engendre une « communication interpersonnelle de masse » dont il faut analyser patiemment les effets sur la définition même de l'espace public. Que se passe-t-il quand la frontière entre conversation privée et information publique s'efface ? Le risque est réel de voir ce nouvel espace politique investi par des débats qui procèdent plus par affirmations que par argumentations, se contentent de juxtaposer des monologues, ou confrontent accidentellement (par exemple, dans les forums de commentaires des sites Internet des médias traditionnels) des positions tellement antagoniques qu'elles ne peuvent que tourner à l'échange d'injures ; le risque contraire est tout aussi réel : Cass Sunstein [2] montrait ainsi, il y a déjà dix ans, que le débat politique sur Internet réunit essentiellement des gens aux opinions proches et qui fréquentent les mêmes sites. De façon plus générale, le risque fondamental réside

---

1. Dominique Cardon, *La Démocratie Internet : promesses et limites*, Seuil, 2010 (voir p. 108).

2. ***Cass Sunstein*** : juriste et philosophe américain (né en 1954).

justement dans ce mélange des sphères publiques et privées des individus, de l'expression et de la conversation, qui caractérisent la communication interpersonnelle de masse, et que pointe très précisément la formule de Dominique Cardon « Internet pousse les murs tout en enlevant le plancher ». Autrement dit, il élargit l'espace public, mais en y aspirant une partie des sphères privées des individus, ce qui constitue indéniablement un risque démocratique majeur.

Sociologie des réseaux sociaux, © La Découverte, coll. « Repères », 2011.

Analyse et perspectives

1. Selon l'auteur, en quoi Internet offre-t-il une nouvelle forme de citoyenneté politique ?
2. Pour autant, en quoi constitue-t-il un « risque démocratique majeur » ?
3. Pourquoi le numérique brouille-t-il les frontières entre parole privée et parole publique ?

■ Fabien Granjon, « Le Web fait-il les révolutions ? » (2011)

Le sociologue Fabien Granjon synthétise dans cet article l'état de la recherche sur le rôle d'Internet et des réseaux sociaux dans les mouvements récents de contestation. Si Internet offre la possibilité de contourner la censure dans les pays qui l'exercent et de contrebalancer l'espace médiatique dominant, il n'a pas une fonctionnalité clavier « révolution » ; c'est avant tout un outil pour des personnes ayant déjà une conscience et un engagement politiques en dehors de la vie numérique.

[L'engagement numérique est-il virtuel ?]

Les révolutions arabes ont confirmé le rôle d'Internet et des réseaux sociaux dans les contestations politiques contemporaines. Mais qu'apportent vraiment ces technologies aux mobilisations ?

Les révolutions arabes l'ont définitivement établi : les capacités d'expression, d'organisation et de mobilisation ouvertes par Internet jouent un rôle non négligeable dans la construction et la réussite de certains conflits sociaux. Si c'est aller bien vite en besogne que d'affirmer, comme cela a pu être le cas pendant l'hiver 2011, que Twitter et Facebook avaient fait la révolution à Tunis ou au Caire, le rôle du Web participatif dans les mobilisations collectives mérite que l'on s'y intéresse de près. [...]

Quand il est patent que ni l'État ni les médias de masse n'autorisent l'auto-organisation politique de la société, ni même la possibilité d'opinions critiques autonomes, les potentiels de résistance tendent à s'exprimer sur Internet. Non parce que l'engagement y serait plus aisé ou plus confortable, mais plutôt parce que le réseau des réseaux permet de s'adresser à un public élargi, composé de sujets interconnectés, avec qui l'on peut échanger sur le mode de la conversation et qui sont susceptibles de s'associer à des projets politiques critiques.

En dehors des cas de censure les plus explicites, les mobilisations en ligne se construisent (tout) contre l'espace public médiatique dominant, dans une volonté de réarmer l'opinion publique et d'augmenter la capacité de pression des citoyens. Elles s'appuient alors sur la dimension participative du Web afin de faire émerger des arènes publiques où se donnent notamment à voir des expressions alternatives aux formes narratives des médias dominants. On y constate ainsi une part plus grande de subjectivité : énonciation à la première personne, investissement d'affects, détournements ironiques, etc. marquent le ton des informations et des conversations d'Internet. Ces nouveaux

© Selva/Leemage

■ À la suite de l'appel du général de Gaulle, le 18 juin 1940, cette affiche fut placardée sur les murs de Londres dès le mois de juillet ; puis elle fut diffusée outre-Manche dans différentes versions. Elle rappelle que la prise de parole est depuis toujours un enjeu de pouvoir essentiel, servant à galvaniser les foules. Elle invite aussi à s'interroger sur la recevabilité de cette parole. Alors que les nouveaux moyens de communication offrent une tribune à tout un chacun, existe-t-il encore aujourd'hui une parole légitime ?

formats se nourrissent également d'un affaiblissement de la frontière entre information et divertissement, entre culture de masse et culture politique, à l'instar du film *The French Democracy*[1] qui met en scène dans un environnement de jeu vidéo les préjugés racistes de la police française au moment des émeutes de banlieue de 2005.

Ces arènes peuvent être appréhendées comme une forme de réponse citoyenne à l'évolution de l'espace public médiatique dominant. Celui-ci tend à soumettre ceux qui ont la prétention d'y participer à des contraintes de sélection importantes, réservant la prise de parole à un petit nombre de figures « médiatiques », et à envisager ses publics comme de simples destinataires. Les arènes numériques rompent avec cette logique. Contrairement au rôle que jouent les publics silencieux des médias de masse dominants, ceux des mobilisations typiques du Web participatif sont dotés de capacités d'intervention et de réaction susceptibles de les rendre plus actifs, plus curieux et plus critiques. La diffusion d'une information, d'un lien ou d'un document audiovisuel sur Facebook ou Twitter s'enrichit en effet des appréciations, des traits d'humour, des approbations ou désapprobations des internautes. Le bruissement des critiques et des commentaires ne s'exprime ainsi plus seulement dans les coulisses de la sphère privée. Elle est désormais indissociable de la communication et de la circulation d'informations sur les « sites de discussion et de partage » comme les définit Mark Deuze.

Il importe néanmoins de saisir la portée effective de ces alternatives. Certains mouvements populaires récents tendraient à démontrer que ces investissements en ligne, décentralisés, immédiats et réactifs, participent à l'intéressement de nouveaux publics. Ils semblent, par exemple, pouvoir donner naissance à

1. Il s'agit d'un court-métrage diffusé sur Internet en 2006 et réalisé par Alex Chan, un jeune habitant de La Courneuve (Seine-Saint-Denis).

des formes d'association citoyenne quittant les écrans pour investir la rue, comme cela a pu être le cas à Tunis, au Caire ou, récemment, à Madrid. Mais encore faut-il rappeler, d'une part, que ce qui se présente comme une conversion vers l'action politique hors ligne dépend de dynamiques préalables (un mécontentement, une crise, etc.) et, d'autre part, que son succès tient également à d'autres logiques (comme l'établissement de rapports de force) qui n'ont que peu à voir avec Internet. Le réseau des réseaux peut être un fabuleux catalyseur, mais n'est certainement pas la cause, ni même l'élément principal de l'action collective.

« Le Web fait-il les révolutions ? », © *Sciences humaines*, n° 229, août-septembre 2011.

Analyse et perspectives

1. Selon l'auteur, en quoi l'« arène numérique » offre-t-elle une plus grande capacité d'expression ?
2. Pourquoi Internet n'est-il toutefois qu'un « catalyseur » ?
3. Êtes-vous d'accord avec l'auteur ? Internet ne peut-il être l'élément principal d'une action collective ? Justifiez votre réponse.

■ Sophie Lehrm, « Mon "friend" est-il mon ami ? » (2010)

La journaliste Sophie Lehrm collecte dans cet article quelques-unes des interrogations que soulèvent les nouvelles formes de communication sur les réseaux sociaux et réunit les réponses de spécialistes. Ces derniers expliquent ainsi que l'amitié ne se trouve pas affadie par Facebook et qu'Internet est à considérer comme une réponse moderne à une fonction ancienne de la communication, consistant à créer du lien pour éviter les conflits entre les individus. De même, la révolution numérique ne s'accompagne pas d'une révolution politique. Donner la parole à la masse silencieuse et lui permettre de se structurer ne crée pas une force militante pour autant.

[La révolution des amis]

Liens entre individus : l'amitié menacée ?

[…] Comment traduire le *friending*, ce mot qui sert à désigner le fait de tisser des liens *via* les réseaux sociaux ? La meilleure approximation de ces liens dits « faibles [1] », répond Casilli, serait non pas l'amitié, mais une autre activité qui nous rapproche de nos ancêtres les primates : c'est le « toilettage » réciproque, auquel s'adonnent les grands singes. Ils se frottent, se fouillent à la recherche d'éventuels parasites, jouent. Et, fait plus important encore, ce toilettage est un stabilisateur social ; il offre plus d'occasions de s'entraider et moins d'opportunités d'entrer en conflit. De la même façon, flâner ensemble sur des sites, échanger des commentaires sont certes des formes d'amusement, mais permettent aussi aux usagers de « se faire les puces » réciproquement, de s'entraider en échangeant de petites faveurs ou de petites remarques qui aident à évoluer. « Ce lien d'un nouveau type ne remplace pas les autres, mais les enrichit d'une autre fonctionnalité – la capacité de combler les espaces vides existant entre les différents groupes sociaux. » Bref, de mieux coopérer et de s'organiser – que ce soit pour un apéro géant ou une manif République-Nation [2]… […]

Tout va pour le mieux dans le meilleur des mondes, alors ? Pas si simple.

La révolution ne sera pas tweettée

Les réseaux sociaux ne peuvent entraîner un réel engagement social, un activisme IRL (« dans la vraie vie »), a voulu démontrer le

1. ***Liens dits « faibles »*** : simples connaissances.
2. ***Une manif République-Nation*** : référence au parcours qu'empruntent souvent les manifestations à Paris, allant de place de la République à place de la Nation.

blogueur et journaliste américain Malcolm Gladwell, dans un brillant article pour le *New Yorker*. Intitulé « Petit changement : pourquoi la révolution ne sera pas tweettée », il a littéralement enflammé les débats sur la Toile. Extraits : « Le monde, nous dit-on, est au milieu d'une révolution. Les nouveaux outils des médias sociaux réinventent l'activisme social. Avec Facebook et Twitter, la relation traditionnelle entre l'autorité politique et la volonté populaire est bouleversée. Ces outils permettent aux impuissants de collaborer, de se coordonner et de donner une voix à leurs préoccupations », ironise Malcolm Gladwell. « Cinquante ans après l'un des plus extraordinaires épisodes de bouleversement social de l'histoire américaine, il semble que nous avons oublié ce qu'est l'activisme. » [...]

« Les plates-formes de médias sociaux sont construites autour des liens faibles. Twitter permet de suivre (ou d'être suivi) par des personnes que vous n'avez jamais rencontrées. Facebook est un outil pour gérer efficacement vos connaissances, pour garder le contact avec des gens avec qui vous ne seriez pas resté en contact. C'est pourquoi vous pouvez avoir mille "amis" sur Facebook, plus que vous n'en avez jamais eu dans la vie réelle. C'est à bien des égards une chose merveilleuse. Ils dessinent la force des liens faibles, comme l'a observé le sociologue Mark Granovetter. Nos connaissances – et non pas nos amis – sont notre plus grande source d'idées nouvelles et d'information. L'Internet nous permet d'exploiter la puissance de ces types de connexions distantes avec une efficacité merveilleuse. » Mais, souligne Malcolm Gladwell, « les liens faibles conduisent rarement à l'activisme à haut risque... ».

La principale conclusion de Gladwell reste que la prise de position pour une cause est engendrée par une forte structure hiérarchique, une organisation cadrée, et par la présence au sein d'un groupe de personnes connectées par des liens forts...

« Mon "friend" est-il mon ami ? », © www.telerama.fr, 4 novembre 2010.

Analyse et perspectives

1. En quoi le concept d'amitié a-t-il évolué avec le numérique ?
2. Selon l'auteur, pourquoi les relations créées par les réseaux sociaux ne peuvent-elles conduire à un activisme social ?
3. Une simple amitié numérique pourrait-elle suffire à vous faire agir pour une cause quelle qu'elle soit ?

■ Sophian Fanen et Camille Gévaudan, « Anonymous, attaques en masques » (2012)

Depuis leur première apparition en 2006, les Anonymous, gardiens de toutes les libertés sur la Toile, ont multiplié et radicalisé leurs actions. Dans l'article ci-dessous, deux journalistes tentent de dessiner les contours du mouvement.

[Un pour tous]

Vendredi, un groupe se revendiquant des Anonymous a publié l'enregistrement audio d'une réunion téléphonique entre le FBI et la police londonienne, devisant, entre deux blagues grasses, d'actions engagées contre les hackers [1]. C'est un gros coup, peut-être le plus gros depuis l'affaire WikiLeaks [2], qui réaffirme que le slogan de la nébuleuse Anonymous – « nous sommes légion » – est désormais une réalité.

---

1. ***Hackers*** : ici, sens de pirates informatiques.
2. ***Wikileaks*** : association à but non lucratif fondée en 2006, dont le site Internet révèle et diffuse de manière anonyme des documents confidentiels authentifiés dans les domaines politique, militaire, diplomatique, etc., au nom du droit de savoir et de la libre expression.

Les Anonymous sont revenus au premier plan le 19 janvier [2012], après la fermeture du site MegaUpload [1]. Lancées depuis toute la planète, leurs attaques pour déni de service ont rendu inaccessibles le site du ministère américain de la Justice, puis ceux de Warner et Universal, du FBI, de la Maison-Blanche, de l'Hadopi [2] et de la Sacem [3] en France… Bref, de toutes les institutions impliquées dans une lutte dure contre le piratage.

Plus que l'arrestation de Kim Schmitz, le créateur de MegaUpload qui a amassé des millions de dollars grâce au téléchargement direct, c'est la décapitation brutale d'un repaire de liberté emblématique de la Toile qui a déclenché la réaction rapide et massive des Anonymous. « Internet est aux internautes ! » clamait dans la foulée un sympathisant dans un communiqué des Anonymous publié sur YouTube.

La liberté de partage est un cheval de bataille historique de la nébuleuse, mais il est loin d'être le seul. À la naissance du mouvement, les causes étaient même assez éloignées de la culture numérique. C'est pour défendre un enfant séropositif interdit de baignade dans un parc d'attractions américain, qu'a été organisée, en 2006, la première manifestation revendiquée par des Anonymous : une mobilisation virtuelle, devant la piscine pixelisée d'Habbo Hotel, un réseau social pour enfants. Le nom du mouvement vient quant à lui des forums anarchiques et potaches de 4chan, un site américain où il n'est pas nécessaire de s'inscrire et où tout le monde se voit donc affublé du pseudonyme « Anonymous ».

Le groupe est apparu au grand jour deux ans plus tard en s'attaquant à l'Église de scientologie. Une vidéo de Tom Cruise,

---

1. ***MegaUpload*** : site de téléchargement illégal.

2. ***Hadopi*** : Haute Autorité pour la diffusion des œuvres et la protection des droits sur Internet ; elle est chargée de proposer une offre légale sur Internet et de sensibiliser au bon usage de ce média.

3. ***Sacem*** : Société des auteurs, compositeurs et éditeurs de musique ; organisme qui traite de la déclaration, de la protection et de la gestion des œuvres musicales.

dans laquelle l'acteur débitait des âneries illuminées à la gloire de la secte, était apparue sur YouTube avant d'être retirée à la demande de l'Église pour « infraction aux droits d'auteur ». Criant à la censure, les internautes ont aussitôt dupliqué la vidéo sur tous les sites de partage communautaire et lancé le « Project Chanology » en guise de représailles. Au menu, des canulars téléphoniques et des attaques Ddos [1] à l'encontre de la secte, doublés de manifestations dans « la vraie vie ». On y aperçut, devant l'Église de scientologie d'Orlando (Floride) et dans près d'une centaine de villes à travers le monde, les premiers masques rieurs de Guy Fawkes [2].

Depuis, d'autres ont rejoint des combats plus politiques, selon leurs affinités ou le contexte de leur pays. L'an dernier, au nom de la liberté d'expression, les plus geeks [3] ont défendu bec et ongles le fondateur de WikiLeaks, Julian Assange, mis en difficulté après la publication de 250 000 câbles diplomatiques américains. À grands coups de Ddos, leur arme de prédilection car communautaire et presque impossible à contrer, ils ont lancé l'opération « Vengeance pour Assange » et fait tomber coup sur coup les sites de PayPal, Visa, Mastercard (qui venaient de bloquer les virements vers WikiLeaks) et PostFinance (la banque suisse qui a fermé le compte d'Assange).

Entre revendications politisées et potacheries geek, il est par principe impossible de dresser un portrait humain ou politique

---

1. ***Ddos*** : « déni de service distribué » : programme qui permet de lancer à répétition des requêtes vers un site Web pour le rendre inaccessible.

2. ***Guy Fawkes*** : militant catholique britannique (1570-1606). Il fut l'un des principaux responsables de la tentative d'attentat contre le roi Jacques Ier d'Angleterre et le Parlement britannique, appelée « Conspiration des poudres », pour protester contre la politique menée en matière de religion, jugée intolérante. Cette figure de la lutte civile contre le pouvoir fut popularisée par la série de bande dessinée *V pour Vendetta* (1982-1990), d'Alan Moore et David Lloyd, à laquelle les Anonymous ont emprunté le modèle du masque qu'ils portent.

3. ***Geeks*** : personnes passionnées d'informatique, d'électronique et d'univers fantastiques (terme anglo-saxon).

des Anonymous version 2012. Comme la rumeur, le groupe recrute des volontaires chaque fois que ses actions sont évoquées. Dès lors, Anonymous est tout le monde et n'importe qui, des jeunes comme des anciens, des hackers professionnels comme des amateurs, avec pour seule arme un ordinateur… Ou pas, puisque des Anonymous français, parfois masqués mais en chair et en os, sont descendus dans la rue le 28 janvier pour protester contre l'Accord commercial anticontrefaçon Acta, un traité international accusé de menacer les libertés individuelles au bénéfice de la lutte contre le piratage. De groupuscule connecté, Anonymous est ainsi devenu en quelques mois une bannière mondialisée portant toutes les luttes pour les libertés publiques. Un mouvement politique sur tous les fronts, décentralisé et rendu au peuple.

« Anonymous, attaques en masques »,
© Sophian Fanen/Camille Gévaudan/*Libération*, 6 février 2012.

Analyse et perspectives

1. Pour quelles causes se bat le mouvement Anonymous ?
2. Quelles sont leurs armes ? À quelle autre action ont-ils eu récemment recours ?
3. Recherchez le masque porté par les militants d'Anonymous. À quelle bande dessinée se réfère-t-il et de quoi est-il le symbole ? Qu'en pensez-vous ?

■ Lauren Provost, « Hamza Kashgari, Cheng Jianping, Park Jeong-Geun… : les martyrs de Twitter » (2012)

À travers l'article suivant, l'édition française du *Huffington Post*, journal numérique américain d'information, se fait l'écho des risques qu'encourent ceux qui tentent de contourner la censure de la liberté d'expression par le biais des réseaux sociaux. Tweetter ses sentiments, c'est les écrire, laisser une trace, consultable, archivable, et pouvant être utilisée comme preuve d'un délit d'opinion. Les exemples sont nombreux.

[Tweetter n'est pas jouer]

[…]

Hamza Kashgari : risque la peine de mort pour trois tweets

Le jeune journaliste saoudien Hamza Kashgari risque aujourd'hui sa vie pour trois tweets adressés au prophète Mahomet le jour de l'anniversaire de sa naissance, le 4 février dernier :

– « Au jour de ton anniversaire, je dirai que j'ai aimé le rebelle en toi, que tu as toujours été une source d'inspiration pour moi, et que je n'aime pas les halos de la divinité autour de toi. Je ne vais pas prier pour toi. »

– « Au jour de ton anniversaire, je te trouve où que je me tourne. Je dirai que j'ai aimé certaines choses en toi mais j'en ai abhorré d'autres, et je n'ai pas compris beaucoup de choses à ton sujet. »

– « Au jour de ton anniversaire, je ne m'inclinerai pas devant toi. Je n'embrasserai pas ta main. Je la serrerai plutôt d'égal à égal, et te sourirai comme tu me souris. Je te parlerai comme à un ami, pas plus. »

Les propos du jeune homme ont secoué Internet. Hamza Kashgari a reçu plus de trente mille réponses et menaces de mort après ces messages tandis que le comité saoudien des fatwas (édits religieux) a affirmé que ces tweets constituaient « une apostasie », le reniement de la foi musulmane, soit un crime passible de la peine de mort dans le pays ultraconservateur de la péninsule arabique.

Le jeune journaliste a été arrêté le 9 février à l'aéroport international de Kuala Lumpur en Malaisie où il avait décidé de se réfugier. Quelques jours plus tard, Hamza Kashgari a été extradé en Arabie saoudite où il est accusé d'avoir « offensé l'islam et le Prophète ». [...]

Selon Daniel Salvatore, porte-parole du Comité international contre la peine de mort, le jeune journaliste s'est excusé et n'a pas encore été déféré devant un tribunal. « En cas de jugement, il risque la pendaison, explique Daniel Salvatore Schiffer, la méthode appliquée pour les hommes en Arabie saoudite. Il est toujours en prison, et n'a le droit de parler à personne. »

Cheng Jianping : un an de camp de travail pour un retweet

La Chinoise Cheng Jianping a été arrêtée le 28 octobre 2010 – le jour où elle devait se marier – pour un simple retweet (action de relayer un message). Sur son compte Twitter, Cheng Jianping diffusait une information sur une manifestation de jeunes nationalistes chinois assortie d'un commentaire ironique : « Allez, jeunes en colère, foncez ! »

Cheng Jianping, quarante-six ans, commentait ainsi la manifestation à Pékin de jeunes nationalistes contre l'arraisonnement par le Japon de l'équipage d'un navire chinois au large des Senkaku, un archipel du Pacifique que se disputent les deux pays. Dans le retweet en question, @wxhch parle également de Guo Quan, un défenseur des droits de l'Homme.

À la suite de ce message, Cheng Jianping est arrêtée le 15 novembre et condamnée à purger une peine d'un an de travaux forcés pour « trouble à l'ordre social ». Elle doit purger sa peine dans un camp pour femmes de « rééducation par le travail ». Décrite par son avocat comme la « première martyre de Twitter », Cheng Jianping a été relâchée le 9 novembre 2011. « À sa sortie, ses notes, journaux intimes et lettres lui ont été confisqués, explique Lucie Marillon de Reporters sans frontières. Elle a ensuite été raccompagnée dans son village par les policiers et a été contrainte de séjourner à l'hôtel, une forme d'assignation à résidence, pour l'empêcher de raconter son histoire aux médias. »

Cheng Jianping continue d'utiliser son compte Twitter et son cas n'a pas empêché les Chinois de se passionner pour les sites de microblogging [1]. Fin 2011, la Chine comptait cinq cent treize millions d'internautes, et deux cent cinquante millions d'entre eux ont un compte sur un site de microblogging, soit quatre fois plus qu'en 2010. Ils utilisent principalement Weibo – le Twitter chinois – mais parviennent à contourner l'interdiction de se rendre sur le vrai Twitter en s'y connectant grâce à des proxys [2].

À partir du 16 mars, les internautes chinois inscrits sur les sites de microblogging hébergés en Chine devront néanmoins utiliser leur vrai nom, et non plus un pseudonyme, sur décision du gouvernement chinois. Ils ne pourront plus y participer activement sans indiquer leur véritable identité. […]

« Hamza Kashgari, Cheng Jianping, Park Jeong-Geun… : les martyrs de Twitter »,
© *Huffington Post*, 25 février 2012.

Analyse et perspectives

1. Qu'ont en commun Hamza Kashgari et Cheng Jianping ?
2. Quels sont les pouvoirs qui ont commandité l'arrestation de ces deux personnes ? Cherchez des informations sur la situation politique des pays concernés. Qu'en déduisez-vous ?
3. Quelle liberté fondamentale ces deux arrestations remettent-elles en cause ?

1. Les sites de ***microblogging*** permettent d'envoyer à l'aide d'un téléphone ou d'une connexion à Internet des messages très courts (entre cent quarante et deux cents caractères), à mi-chemin entre le blog (pour l'archivage sur la Toile) et la messagerie instantanée (pour la diffusion en temps réel).
2. Un serveur proxy est un serveur jouant le rôle d'intermédiaire entre un navigateur Web et Internet. Il permet de sécuriser et d'améliorer l'accès à certaines pages de la Toile.

3. Parole partagée, parole destituée ?

Avant le développement des échanges numériques offrant la parole à tout un chacun, l'information était le monopole des médias qui la relayaient dans chaque foyer par le biais des journaux ou de la télévision. Internet a modifié non seulement ce schéma, introduisant un nouveau modèle des flux d'information, circulant de manière reliée et horizontale (par les réseaux), mais aussi notre rapport à l'information elle-même, devenue propriété collective. Si elle semble se rapprocher d'un idéal démocratique, cette situation fragilise la légitimité de la parole des experts et des professionnels de l'information, qui se dilue dans sa juxtaposition avec celle des amateurs.

Soulignant l'idéal de partage qui anime l'encyclopédie participative numérique Wikipédia, l'article de Jean-François Dortier met en lumière les filtres qu'elle a institués pour garantir la qualité de son contenu (p. 140). Mais selon Olivier Bomsel, la possibilité même de modifier ou dissimuler son identité sur Internet remet en cause la légitimité de la parole sur ce support (p. 144). C'est ainsi que les médias internationaux et la population syrienne ont érigé en symbole révolutionnaire une blogueuse qui n'existait pas, comme le raconte le journaliste Yves Eudes (p. 146). Internet ne suit pas les processus de validation et de publication des informations qui sont ceux des médias traditionnels. De ce point de vue, sur le Web, ce n'est plus la véracité de l'information ou la nature de sa source qui fondent sa légitimité mais la lecture des internautes, explique Dominique Cardon (p. 150). La conception et la pratique même du journalisme se trouvent transformées, comme l'illustre Stieg Larsson à travers son personnage de Lisbeth Salander, hacker et investigatrice hors pair sur le Net, dans sa trilogie *Millénium* (p. 153).

■ Jean-François Dortier, « Voyage au cœur de Wikipédia » (2011)

Jean-François Dortier est directeur de la publication du mensuel *Sciences humaines*. Il s'intéresse ici aux rouages qui assurent à Wikipédia son succès. L'encyclopédie participative et libre d'accès sur Internet ne démérite pas dans son projet de démocratisation du savoir hérité de sa glorieuse ancêtre (l'*Encyclopédie* de Diderot et d'Alembert).

[Tout le savoir du monde en un clic]

Gratuite, rédigée librement et sans hiérarchie par un million d'anonymes, la fabrication de Wikipédia ressemble à une utopie qui marche. Quel est son secret de fabrication ?

Qui écrit dans Wikipédia ?

Colporteur, Fagairolles 34, Goublik… font partie de ce million de wikipédistes qui a participé à la rédaction d'articles de WP, depuis sa création en 2001. En 2001, il y avait deux rédacteurs francophones, en 2011, le nombre a dépassé les soixante-cinq mille. Qui sont tous ces gens ? En principe, chacun peut contribuer quels que soient son âge, son milieu, sa condition : l'encyclopédie est ouverte à tous. Mais les statistiques montrent autre chose : les rédacteurs de WK ont un profil particulier. Une enquête internationale, « Wikipédia Survey », datant de mars 2010, révélait la jeunesse des wikipédiens (vingt-cinq ans en moyenne) et, surtout, la proportion considérable d'hommes (87 % contre 13 % de femmes). Ces données sont confirmées par une autre étude française de 2011. Ouverte en principe à tout le monde, WP est en fait réalisée par une petite élite (0,7 % seulement des utilisateurs sont aussi rédacteurs) d'auteurs plutôt jeunes et diplômés. Ceux-ci appartiennent à ce nouveau tiers état culturel – « les travailleurs du savoir » (étudiants, cadres,

© Remi MalinGrëy/Iconovox

■ Ce dessin de presse de Rémi MalinGrëy invite à s'interroger sur la fiabilité des ressources fournies par Internet (notamment celles que propose l'encyclopédie participative Wikipédia) et sur l'utilisation qui en est faite dans le cadre scolaire (censé être celui d'une réflexion, d'un travail de recherche et de confrontation).

diplômés, enseignants, ingénieurs…) – qui crée une « troisième culture » affranchie des milieux académique et médiatique.

Quelles sont les motivations des contributeurs ?

Sans surprise, si l'on consulte les contributeurs, leur première motivation relève d'une sorte de bénévolat idéaliste : « J'aime l'idée de partager le savoir et je veux y contribuer », répondent 72 % des contributeurs à une enquête internationale réalisée en 2010. Les motivations individualistes (se faire connaître) sont très minoritaires. Mais si l'on observe de plus près, les choses apparaissent sous un autre angle. […]

Comment qualifier ces « communautés » de wikipédiens ? Ce ne sont pas des communautés fermées à l'image d'une secte ou de membres d'un club, ni une poussière d'une foule anonyme. On a affaire à un tissu social plus ou moins dense fait d'interactions multiples, dans lequel s'investissent certains avec plus d'ardeur. Cela ressemble à une formation missionnaire (militante ou religieuse) avec ses supporters, ses adhérents, ses militants de base, ses quasi-professionnels. Quand on entre dans le cœur de WP, on découvre un microcosme humain assez semblable à d'autres, avec de la sociabilité, de l'échange, des valeurs communes, de la complicité, du désir de reconnaissance, de petites rivalités et une hiérarchie de prestige.

Au fil du temps, WP s'est dotée d'un système de règles de fonctionnement (principe de neutralité, citation des sources), de normes de fabrication (structuration des articles, références), de dispositifs de gestion des conflits (discussion, médiation, vote, recours à un administrateur), d'une administration non bureaucratique (statut d'« administrateur » ou de « bureaucrate »), de brigades spécialisées (traducteurs, « pompiers » assurant la maintenance), de robots automatisés (les « bots » qui patrouillent les pages, repèrent et suppriment les fautes ou les actes de vandalisme), d'un « bistrot » et de cafés en ligne où l'on vient débattre, de multiples projets périphériques (Wiktionary, Wikibooks,

Wikiquote, Wikisource, Wikinews), d'une organisation centrale (fondation Wikimédia), d'écoles de pensée (métapédiens, inclusionnistes, délationnistes, mergistes[1]), d'ennemis (désencyclopédistes ayant leur propre anti-encyclopédie), de critiques, de déçus.

Les failles du système

L'entreprise WP ayant prospéré en dix ans d'existence, elle est devenue protéiforme et paye aujourd'hui le prix de son succès international. Le volume d'articles n'ayant cessé d'augmenter (avec ses ramifications multiples) et les règles d'écriture s'étant normalisées, le coût d'entrée dans l'organisation devient plus élevé qu'il n'était. Il n'y a plus guère de place pour les philosophes en herbe ou les historiens improvisés : le niveau d'exigence requis s'est beaucoup élevé. Cette formalisation des savoirs suscite des réactions hostiles – critiques, déceptions, défections. En 2009, pour la première fois depuis sa création, le nombre de contributions a continué à diminuer. Si l'on retourne aujourd'hui sur la page de Colporteur[2], où il se présentait en 2006 comme « une victime de wikidépendance », celle-ci a aujourd'hui changé. « Après avoir consacré beaucoup de temps et d'énergie à WP, je ne contribue plus que de manière épisodique. WP est passée à une étape de déconstruction assez démotivante : au lieu d'écrire de nouvelles entrées, les anciennes sont bardées de bandeaux quand elles ne sont pas appauvries par des coupes franches. Voilà une mutation bien imprévue… »

Certains quittent aujourd'hui WP à cause de son manque de rigueur, d'autres pour la raison inverse, parce qu'elle est devenue

1. ***Métapédiens*** désigne l'ensemble des mouvements anglophones parfois structurés en véritables écoles de pensée qui sont engagés dans la redéfinition du projet éditorial de Wikipédia ; les ***inclusionnistes*** s'opposent à une sélection des articles sur des critères de pertinence et privilégient l'amendement ; les ***délationnistes*** sont les partisans d'une encyclopédie expurgée de tout article incomplet ou polémique ; les ***mergistes*** sont partisans d'un compromis entre les deux extrêmes.
2. ***Colporteur*** : pseudonyme d'un contributeur à l'encyclopédie Wikipédia.

trop élitiste et « fermée ». En dépit de cela, cette communauté semi-formelle de rédacteurs a réussi au fil du temps à créer une encyclopédie d'une richesse et d'une qualité assez exemplaires. Il est fini le temps des débuts où l'on craignait que WP, livrée à tous les amateurs de la planète, deviennent un fourre-tout de n'importe quoi. Même si elle possède toujours ses détracteurs, plusieurs enquêtes ont montré la fiabilité des articles de WP, ceux-ci comparés à ceux d'autres encyclopédies existantes sur le marché. Erreur ! Référence de lien hypertexte non valide.

« Voyage au cœur de Wikipédia », © *Sciences humaines*, n° 229, août-septembre 2011.

Analyse et perspectives

1. Quels sont les points communs et les différences des contributeurs de Wikipédia ?
2. À quels problèmes l'encyclopédie participative est-elle confrontée ?
3. Quel est l'intérêt de contrôler les informations sur Wikipédia ? Pour autant, les informations données sont-elles toujours fiables ?

■ Entretien avec Olivier Bomsel, « C'est la première fois depuis cinq mille ans qu'on invente une nouvelle écriture » (2010)

Économiste et chercheur de l'École supérieure nationale des mines, Olivier Bomsel envisage le numérique comme un nouveau langage permettant, par sa codification chiffrée, la circulation mondiale de données mais posant un certain nombre de problèmes à résoudre, notamment celui de la légitimité de la parole.

[La révolution du langage est en marche]

En quoi le codage numérique, des 0 et des 1 [1]***, constitue-t-il une nouvelle écriture ?***

Parce que ces 0 et ces 1, ce codage binaire, se sont imposés comme les outils d'une communication accessible à tous. Des milliards de scripteurs et de lecteurs à travers le monde ! Le numérique n'est pas qu'un support technique : sur le plan conceptuel, c'est une écriture, certes minimale et dématérialisée, mais à travers laquelle circule un flux infini d'informations. [...]

En même temps, Internet est source d'inquiétudes...

Ce qui fait peur, c'est qu'on ne sait pas toujours qui émet le signal. Dans l'émergence de cette nouvelle écriture, « l'autre » change. Il devient « l'intern-autre » ; il y a une dissolution, un questionnement sur « qui parle », et comment il apparaît, sous un pseudonyme ou pas, dans une forme de publication qui ressemble souvent – notamment dans le cas des blogs – à un truc du genre « bouteille à la mer ». Après l'alphabétisation, nous vivons donc cette deuxième étape où il est normal de s'interroger sur le bénéfice collectif de ce passage universel à un nouveau standard, de s'interroger notamment sur les nuisances liées à la circulation sans limites de l'écriture numérique : usurpation d'identité, contrefaçon des actes, mais aussi des choses comme les spams...

Avec le numérique, et cette dissolution possible du « qui parle », de sa légitimité, tout est bousculé. Pensez à l'information ! Peu à peu, on a perdu la mesure de ce qu'était la différence entre correspondance et publication, en laissant publier de l'information qui n'avait pas les caractéristiques de l'information « publiable ». Or, la vraie valeur d'une information, ce n'est pas son accessibilité mais le fait qu'elle soit encadrée, émise par

1. Voir aussi dossier, p. 163-164.

des « marques » prescriptrices, reconnues – un journal, une radio…

Aujourd'hui règne un certain flou sur la question de l'info…

Il est évident que les nouvelles normes ne sont pas encore tout à fait en place, qu'il faudra encore un peu de temps pour clarifier les statuts. Mais ceux qui ont des marques, par exemple votre journal, *Télérama*, gardent une légitimité, et c'est un immense avantage pour l'avenir, puisque nous allons de plus en plus entrer dans l'ère des marques, des labels reconnus.

« C'est la première fois depuis cinq mille ans qu'on invente une nouvelle écriture », interview d'Emmanuel Tellier, © www.telerama.fr, 18 juin 2010.

Analyse et perspectives

1. En quoi l'émetteur d'un message sur Internet peut-il être « dissolu » ?
2. Quelles sont alors les conséquences possibles sur la légitimité de la parole ?
3. Sur Internet, quelles pratiques permettent de prendre conscience du problème évoqué ici par l'auteur ?

■ Yves Eudes, « Un blogueur peut en cacher un autre » (2011)

Dans cet article, le journaliste Yves Eudes revient sur un cas de manipulation des journalistes et de l'opinion publique par le Web : l'arrestation, en juin 2011, d'Amina, la blogueuse homosexuelle et opposante au régime syrien, qui avait suscité l'émoi des journalistes internationaux – lesquels s'étaient faits l'écho de son histoire – et de la population. Mais la jeune femme n'existait pas…

[Je(u) de dupes]

En ce 6 juin, la blogosphère est en émoi. La veille au soir, la blogueuse syrienne Amina Abdallah Arraf, héroïne de la grande rébellion populaire contre la dictature, a été arrêtée à Damas, en pleine rue, par trois hommes armés, qui l'ont emmenée vers une destination inconnue. La nouvelle est publiée sur le blog d'Amina par sa cousine, Rania Ismail, qui décrit la scène en détail, et affirme qu'Amina était sur le point de rencontrer un « membre du Comité local de coordination » de la rébellion.

Amina est doublement en danger, car elle milite sur deux fronts : contre la répression du mouvement démocratique, mais aussi pour affirmer au grand jour son homosexualité dans une société peu tolérante en ce domaine. Son blog s'appelle « Gay Girl in Damascus » : qui sait ce que ses geôliers vont lui faire subir ? Seule note d'espoir : elle est née aux États-Unis de père syrien et de mère américaine, et possède la double nationalité – avec un peu de chance, elle sera seulement expulsée. […]

Début mai, malgré les risques, Amina accepte de donner une interview au quotidien britannique *The Guardian*. Une rencontre est organisée avec une journaliste anglophone basée à Damas, qui signe ses articles sous le pseudo de Katherine Marsh, pour éviter d'être repérée et expulsée. Malheureusement, au dernier moment, Amina est obligée d'annuler le rendez-vous, pour des raisons de sécurité. Qu'importe, l'interview se fera par e-mail. Dans son article élogieux, publié le 6 mai, Katherine Marsh ne mentionne pas ce détail. Le texte est illustré par une photo d'Amina – une jolie brune au teint pâle – également envoyée *via* Internet.

Peu après, le site de CNN publie à son tour une interview d'Amina réalisée par e-mail, dans un article consacré aux communautés gay du Moyen-Orient. Entre-temps, les médias français ont découvert Amina Abdallah Arraf. Dès le 5 mai, le blog « Printemps arabe » du site Internet du *Monde* lui consacre un article basé sur des citations extraites de « Gay Girl in Damascus ». [...]

Dans le même temps, Amina s'est fait une autre amie : Paula Brooks, célèbre lesbienne militante américaine, qui dirige depuis 2008 le webmagazine engagé Lezgetreal.com. Paula Brooks s'est imposée sur le Net comme une femme charismatique et autoritaire, exerçant une forte influence sur ses collaboratrices et ses lectrices. Grâce à l'entremise de Lezgetreal, Amina devient à partir d'avril une VIP de la mouvance lesbienne anglophone.

Dès l'annonce de son arrestation le 5 juin, ses amis se mobilisent, entraînant dans leur sillage une armée d'internautes de bonne volonté. Des dizaines de sites de soutien apparaissent, des pétitions circulent pour exiger sa libération : sur Facebook, Twitter, des blogs consacrés au Moyen-Orient, des magazines lesbiens, des forums féministes, et même des sites consacrés à la mode et à la diététique. Puis des dizaines de médias américains et européens viennent renforcer la campagne « Free Amina ». BBC Radio diffuse même une interview très émouvante de la « girlfriend canadienne », qui fait bonne figure malgré l'angoisse. Des médias arabes se lancent à leur tour, notamment le quotidien *L'Orient-Le Jour* de Beyrouth dont un article est repris par *Courrier international*.

Pourtant, dès le lendemain de l'arrestation, l'ambiance change. Le buzz autour du blog d'Amina attire de nouveaux lecteurs, plus sceptiques. Ceux qui connaissent la Syrie relèvent des invraisemblances, d'autres remarquent que dans les derniers articles, la vie de la blogueuse, pleine de dangers, de coïncidences et de rebondissements, ressemble de plus en plus aux aventures d'une héroïne de bande dessinée. Des blogueurs et des journalistes américains lancent une enquête.

À Londres, une femme appelle le *Guardian* pour protester : elle s'est reconnue sur la photo illustrant un article sur Amina. Dans un premier temps, on refuse de la croire – cette nouvelle venue, qui dit s'appeler Jelena Lecic, fait peut-être partie d'un complot visant à détruire la réputation d'Amina. Puis le site du quotidien retire la photo et la remplace par une autre, également envoyée par Amina. Nouvel appel : la deuxième photo est aussi celle de Jelena Lecic. En fait, toutes les photos d'Amina circulant sur le Net font partie d'un album que Jelena Lecic avait publié sur Facebook, et que quelqu'un avait détourné, en 2010, pour créer un compte au nom d'Amina Abdallah Arraf. Déjà, à l'époque, Jelena Lecic avait protesté auprès de Facebook, qui avait fermé le faux compte. Mais l'affaire était passée inaperçue des médias.

Le coup de grâce est porté par Paula Brooks. Dans un premier temps, la patronne de Lezgetreal avait farouchement défendu la réputation de son amie, Amina, contre les sceptiques. Puis, cédant à ses tendances inquisitrices, elle avait pisté l'origine des e-mails privés envoyés par la blogueuse syrienne : le numéro IP était celui d'un ordinateur situé à Édimbourg, en Écosse. Plus personne ne comprend le rôle de Paula Brooks dans cette affaire. Des blogueurs, intrigués par son revirement soudain, décident d'enquêter aussi sur son cas.

Le 12 juin, se sentant prise au piège, Amina craque : « Gay Girl in Damascus » publie un court article expliquant qu'il s'agit en fait d'une œuvre de fiction. Son auteur dit s'appeler Tom McMaster, un Américain de quarante ans vivant à Édimbourg, dont l'épouse mène des recherches universitaires sur la Syrie – d'où ses connaissances sur le sujet. Tom McMaster s'excuse brièvement, tout en se félicitant d'avoir sensibilisé un nouveau public à la situation en Syrie. […]

À peine vingt-quatre heures après la confession de Tom McMaster, le scandale est éclipsé par un nouveau coup de théâtre. Les journalistes et blogueurs enquêtant sur les liens entre Paula Brooks et Amina Abdallah Arraf en arrivent à se demander s'il ne s'agit pas d'une seule et même personne. Sollicitée par le *Washington Post*, Paula Brooks explique qu'elle ne peut pas donner d'interview par téléphone car elle est sourde, mais que son père s'exprimera à sa place. Après deux entretiens, le père avoue soudain : « Je suis Paula Brooks. » Amina Abdallah Arraf et Paula Brooks, les deux lesbiennes les plus célèbres de la blogosphère anglophone, étaient des hommes, chacun croyant duper l'autre.

Selon le site du *Washington Post*, Paula Brooks s'appelle en réalité Bill Graber. Il a cinquante-huit ans, il vit dans l'Ohio, il est marié et père de famille. Ce serait un ancien pilote de l'US Air Force devenu ouvrier de chantier. Paula Brooks serait le nom de sa femme.

Une seule chose semble sûre : les lesbiennes américaines et les rebelles syriens, un temps réunis, vont continuer leurs combats respectifs séparément.

« Un blogueur peut en cacher un autre », © *Le Monde*, 24 juin 2011

Analyse et perspectives

1. En quoi y a-t-il eu double supercherie ?
2. Quel fut le rôle des médias dans cette manipulation de l'opinion ?
3. Avez-vous d'autres exemples de fausses informations sur Internet ? Que pensez-vous de ce phénomène ?

■ Dominique Cardon, « Vertus démocratiques de l'Internet » (2009)

Dans ce texte, le sociologue Dominique Cardon (voir également p. 108) compare le mode de validation et de publication des informations par les médias traditionnels à celui d'Internet...

[La démocratie est-elle soluble dans Internet ?]

La légitimité *ex-post*

L'espace public traditionnel est le résultat d'un long processus de professionnalisation et de domestication des locuteurs qui a donné naissance à la production de statuts réservés pour ceux qui prennent la parole en public, à une organisation syndicale de la presse et de l'édition et à des outils juridiques de protection de la liberté d'expression. D'exigeantes règles de publicité [1] administrent un contrôle *a priori* (le sacro-saint rôle de *gate-keeper* [2] des médias et de l'édition) des énoncés avant leur mise en visibilité. L'espace public traditionnel était *public* parce que les informations rendues *visibles* à tous avaient fait l'objet d'une sélection préalable par des professionnels obéissant à des normes déontologiques qui se sont construites en même temps que le droit permettant de punir, en les *invisibilisant*, les propos contrevenant à ces règles. Ce mode de production de l'espace public par les médias modernes d'information assurait donc conjointement la visibilité et la publicité des énoncés.

Or ce que l'arrivée d'Internet met en jeu au regard de nos conceptions traditionnelles de l'espace public relève justement d'un découplage entre ces deux notions. Des énoncés peuvent être accessibles (c'est-à-dire potentiellement *visibles*) sans pour autant se voir dotés immédiatement et intrinsèquement, par défaut si l'on peut dire, d'un caractère *public*. En abolissant la double épreuve de sélection des qualités des énonciateurs et de contrôle *a priori* de leurs énoncés, visibilité et publicité ne sont plus empiriquement synonymes.

L'attribution d'un caractère d'importance à un énoncé ne résulte pas d'une sélection préalable par un corps spécialisé, mais est la conséquence d'une hiérarchisation *ex-post* [3] effectuée par les internautes en fonction de leur position dans la structure des réputations sur la Toile. C'est le travail effectué par les internautes pour lier les propos et leur conférer de la notoriété qui

1. ***Publicité*** : au sens d'action de rendre public.
2. ***Gate-keeper*** : littéralement « portier », celui qui contrôle l'accès.
3. ***Ex-post*** : locution latine signifiant « après les faits ».

produit cette forme de visibilité particulière dans laquelle les propos « légitimes » sont ceux qui apparaissent « en haut » des hiérarchies (des moteurs de recherche, des classements des blogs, des fils d'actualité des portails d'information, des agrégateurs de news, etc.). Les prises de parole qui restent collées « en bas » de cette hiérarchie, non liées, donc pas ou à peine vues, ne reçoivent pas le même caractère public.

C'est donc la lecture par les internautes et leur décision de lier et de faire circuler cette prise de parole plutôt que celle-là, c'est-à-dire la réception, qui désigne aux autres les propos dignes d'être reconnus comme ayant un caractère public et partageable. Établir un lien, c'est émettre un vote. Les classements produits par ce processus de « hiérarchisation par la foule » ont certes un fondement numérique, mais cette numération ne procède pas, à la manière d'une mesure d'audience télévisée, d'une opération de consultation à base représentative. Il s'agit en fait d'une sommation d'actions volontaires et plus ou moins « réfléchies ». Les hiérarchies numériques d'Internet somment des opérations actives d'appréciation et de jugement, et non pas des stimuli. Ce mode de production des évaluations collectives sur Internet constitue, en quelque sorte, sa raison pratique et constitue l'un de ses trésors les plus précieux… et les plus menacés.

L'écrasement de la diversité

En effet, ce mode de légitimation « par la foule » ne peut faire oublier la réalité autrement plus complexe et imbriquée de la formation de la notoriété sur Internet. La structure des liens entre sites donne à voir un paysage extrêmement inégalitaire et hiérarchique. Les effets de la concentration des autorités (*hubs* [1]), des stratégies de visibilité développées par les acteurs et de la structuration inégale des liens sur la Toile jouent un rôle

1. ***Hubs*** : vocabulaire informatique signifiant « concentrateurs » (terme anglais).

décisif sur les classements dans l'univers numérique. L'implantation sur la Toile des institutions de l'espace public traditionnel (agences de presse, journaux en ligne, blogueurs influents proches du monde médiatique, portails des acteurs de l'Internet) structure fortement, par leur choix de publication et de mises en lien, la hiérarchie des énoncés les plus visibles. En conséquence, si l'on ne porte attention qu'au sommet de la hiérarchie des informations, l'agenda de l'Internet ne présente que des différences mineures avec celui de l'espace médiatique. L'Internet participatif ne ferait alors que reproduire les critères de légitimité des *gate-keepers* traditionnels.

« Vertus démocratiques de l'Internet »,
© www.laviedesidees.fr, 10 novembre 2009.

Analyse et perspectives

1. Quelle différence l'auteur fait-il entre ce qui est visible et ce qui est public ?
2. En quoi la nouvelle hiérarchisation de l'information sur Internet ne diffère-t-elle pas totalement de celle qu'on rencontre dans l'espace médiatique traditionnel ?
3. Comment recherchez-vous des informations sur Internet ? Cet article va-t-il modifier vos pratiques ? Pourquoi ?

■ Stieg Larsson, *MIllénium, Les hommes qui n'aimaient pas les femmes* (2006)

Journaliste suédois engagé (1954-2004), Stieg Larsson est décédé juste après avoir écrit la trilogie *Millénium*. Celle-ci s'articule autour d'un duo mal assorti : Mikael Blomkvist, un journaliste d'investigation quarantenaire et militant, et Lisbeth Salander, une jeune femme férue d'informatique, rebelle et tatouée. Dans ce passage qui est celui de leur première rencontre, Mikael débarque à l'improviste chez Lisbeth : il a découvert qu'elle a piraté son ordinateur et lui propose de mettre ses talents au service de la résolution d'un meurtre. Avant de commencer leurs investigations, Mikael provoque une mise au point sur le respect, nécessaire selon lui, de la vie privée. Mais, pour la seconde, qui s'emploie à rendre publiques des informations sur les autres *via* Internet, aucune éthique, aucun principe déterminés à l'avance ne doivent entraver son activité. Dès lors, le texte fait ressortir deux conceptions de l'information qui diffèrent.

[Deux conceptions de l'information]

Ç'avait été la partie la plus délicate de leur conversation. On aurait dit que Mikael faisait exprès de ne pas entamer ce sujet et pour finir elle n'avait pas pu s'empêcher de poser la question.

« Tu as dit que tu savais ce que j'ai fait.

– Tu as joué les hackers. Tu es entrée dans mon ordinateur.

– Comment tu le sais ? » Lisbeth était totalement sûre de ne pas avoir laissé de traces et que son effraction ne pourrait être découverte, sauf si une grosse pointure en sécurité était en train de scanner le disque dur en même temps qu'elle s'y introduisait.

« Tu as commis une erreur. » Il expliqua qu'elle avait cité la version d'un texte qui n'existait que dans son ordinateur et nulle part ailleurs.

Lisbeth Salander garda le silence un long moment. Finalement elle le regarda avec des yeux inexpressifs.

« Comment tu t'y es prise ? demanda-t-il.

– C'est mon secret. Qu'est-ce que tu as l'intention de faire ? »

Mikael haussa les épaules.

« Qu'est-ce que je peux faire ? À l'extrême je devrais avoir une discussion avec toi sur l'éthique et la morale et sur le danger de fouiller dans la vie privée des gens.

– Exactement ce que tu fais en tant que journaliste. »

Il hocha la tête.

« Bien sûr. C'est justement pour ça que nous, les journalistes, avons un comité d'éthique qui surveille les aspects moraux. Quand j'écris un texte sur un fumier dans le monde bancaire, je laisse de côté par exemple sa vie sexuelle. Je n'écris pas qu'une fraudeuse de chèques est lesbienne ou qu'elle rêve de faire l'amour avec son chien ou des choses comme ça, même si ça se trouve être la vérité. Même les fumiers ont droit à une vie privée, et c'est si facile de nuire aux gens en s'attaquant à leur façon de vivre. Tu vois ce que je veux dire ?

– Oui.

– Donc, tu portes atteinte à mon intégrité. Mon employeur n'a pas besoin de savoir avec qui je fais l'amour. C'est mon problème. »

Le visage de Lisbeth Salander se fendit en un sourire coincé.

« Tu trouves que je n'aurais pas dû en parler.

– Pour ce qui me concerne, cela ne change pas grand-chose. La moitié de la ville connaît ma liaison avec Erika. Je parle du principe.

– Alors, ça va peut-être t'amuser de savoir que moi aussi j'ai des principes qui correspondent à ton comité d'éthique. J'appelle ça *le principe de Salander.* D'après moi, un fumier est toujours un fumier et si je peux lui nuire en déterrant des saloperies sur lui, c'est qu'il l'a mérité. Je ne fais que lui rendre la monnaie de sa pièce.

– D'accord, sourit Mikael Blomkvist. Je ne raisonne pas entièrement à l'opposé de toi, mais…

– Mais il se trouve que lorsque je fais une ESP[1], je regarde aussi ce que m'inspire la personne. Je ne suis pas neutre. Si j'ai l'impression que c'est une personne bien, je peux mettre une sourdine à mon rapport.

---

1. ***ESP*** : enquête sur la personne – c'est l'activité de Lisbeth Salander pour le groupe de sécurité qui l'emploie.

– Vraiment ?

– Dans ton cas, j'ai mis une sourdine. J'aurais pu écrire un livre sur ta vie sexuelle. J'aurais pu raconter à Frode qu'Erika Berger a un passé au club Xtrême et qu'elle flirtait avec le BDSM[1] dans les années 1980 – ce qui indéniablement aurait créé certaines associations d'idées inévitables quant à votre vie sexuelle à tous les deux. »

Mikael Blomkvist rencontra le regard de Lisbeth Salander. Après un moment il regarda par la fenêtre et éclata de rire.

« Tu ne rates vraiment rien, toi. Pourquoi tu ne l'as pas inclus dans le rapport ?

– Toi et Erika Berger, vous êtes des adultes et apparemment vous vous aimez bien. Ce que vous faites au lit ne regarde personne et tout ce que j'aurais obtenu en parlant d'elle aurait été de vous nuire ou de procurer du matériel de chantage à quelqu'un. Qui sait – je ne connais pas Dirch Frode et ce matériel aurait pu se retrouver chez Wennerström[2] ?

– Et tu ne veux pas fournir du matériel à Wennerström ?

– Si je devais choisir mon côté dans le match entre toi et lui, je pense que je choisirais ton côté du ring.

– Moi et Erika, nous avons une… notre relation est…

– Je m'en fous de savoir ce qu'est votre relation. Mais tu n'as pas répondu à ma question : qu'est-ce que tu as l'intention de faire maintenant que tu sais que j'ai piraté ton ordinateur ? »

La pause de Mikael fut presque aussi longue que la sienne.

« Lisbeth, je ne suis pas ici pour t'emmerder. Je ne vais pas te faire chanter. Je suis ici pour demander ton aide pour une enquête. Tu peux répondre oui ou non. Si tu dis non, je m'en vais et je trouve quelqu'un d'autre et tu n'auras plus jamais de mes nouvelles. » Il réfléchit une seconde puis il lui sourit.

---

1. ***BDSM*** : acronyme qui combine bondage, discipline, soumission, sadomasochisme.

2. ***Wennerström*** : homme d'affaires véreux en conflit avec Mikael Blomkvist.

« À condition que je ne te retrouve pas dans mon ordinateur, j'entends. »

Elle le fixa d'un regard vide.

Les hommes qui n'aimaient pas les femmes, Millénium, t. I,
trad. Lena Greembach et Marc de Gouverain,
© Actes Sud, coll. « Actes noirs », 2006, p. 345-347.

Analyse et perspectives

1. En quoi les manières d'enquêter de Lisbeth et de Mikael s'opposent-elles ?
2. Quel problème déontologique pose le travail de Lisbeth Salander ? En quoi transforme-t-il la conception du journalisme ?
3. Citez quelques sites d'information sur Internet. En quoi se disent-ils différents des médias traditionnels ? Qu'en pensez-vous ?

DOSSIER

- Lexique : du langage classique au parler numérique
- Qu'est-ce que la révolution numérique ?
- Les révolutions de la communication (le thème en schémas)
- Le thème en chansons
- Sujets d'exposés
- Vers la synthèse de documents : fiche méthode et entraînement
- Vers l'écriture personnelle : fiche méthode et entraînement
- Lecture de l'image

Lexique : du langage classique au parler numérique

Un thème, quatre notions

Avant d'engager la réflexion, il est utile de rappeler la définition des mots qui composent notre sujet (« parole », « échange », « conversation » et « révolution numérique »). Nous nous appuyons ici sur les ressources du *Trésor de la langue française*.

– Le terme « **parole** » vient du latin *parabola* qui signifie d'abord « comparaison », puis « discours grave et sérieux ». Il désigne tout élément du langage parlé, toute suite de mots servant à exprimer la pensée. Ce terme peut se rapporter à un énoncé superficiel ou périssable, par opposition aux écrits ou aux actes, pérennes (comme le suggèrent les expressions « les paroles s'envolent, les écrits restent » ; « ce ne sont que des paroles » ou « des paroles en l'air »).

– Le terme « **échange** » est le substantif du verbe « échanger », qui provient lui-même de l'ancien français *eschanger,* qui signifiait « s'adresser mutuellement ». Le mot exprime le fait de donner une chose et d'en recevoir une autre en contrepartie. En matière de langage, il renvoie donc à une communication réciproque.

– Le terme « **conversation** » provient du latin *conversatio* qui signifie « fréquentation », « genre de vie ». Le mot a évolué et désigne aujourd'hui des échanges de propos sur un ton généralement familier et sur des thèmes variés, entre deux personnes ou plus.

– L'expression « **révolution numérique** » désigne l'apparition d'un nouveau mode de communication : le numérique – c'est-à-dire la transcription et la diffusion de la langue sous forme de successions de signaux binaires, 0 ou 1 (voir p. 163-164) –, ainsi que les bouleversements sociaux, moraux, économiques ou politiques que cette évolution a entraînés dans un temps relativement court.

1. Formulez ce qui relie et ce qui différencie chacun de ces mots après en avoir lu les définitions.
2. Comment expliquez-vous l'ordre adopté dans la formulation du titre : *Paroles, échanges, conversations et révolution numérique* ?

Vocabulaire du numérique

À l'aide de ressources numériques (moteurs de recherche, dictionnaires en ligne...), expliquez les termes suivants :

SMS, message, texto, courriel ou e-mail, Internet, réseau social, blog, Twitter, Facebook, Skype, smiley, forum de discussion, mdr, lol, FAQ, Anonymous, hacker, marketing viral.

Expressions se rapportant au discours

À l'aide d'un dictionnaire, expliquez le sens des expressions suivantes :

« Tourner sa langue sept fois dans sa bouche », « avoir l'esprit d'escalier », « saisir la balle au bond », « parler pour ne rien dire », « répondre du tac au tac », « tourner autour du pot », « avoir droit à la parole », « des paroles pleines de vent », « avoir de la conversation », « un moulin à paroles », « payer quelqu'un en paroles », « il a fait les frais de la conversation », « avoir des paroles avec quelqu'un », « les paroles du matin ne ressemblent pas à celles du soir ».

Mots clés

Voici des listes de mots liés au thème. Essayez d'en justifier l'ordonnance et de trouver la problématique qui sous-tend chacune d'entre elles. À quels chapitres de l'anthologie peut-on relier chacun des thèmes évoqués ?

1. Correspondance, billet, lettre, carte postale, télégramme, message, texto, SMS, Internet, réseau social, blog, Twitter, Facebook, Skype.
2. Conversation, dialogue, échange, communication, fonction phatique, fonction expressive, fonction impressive.
3. Manuel de conversation, code, civilité, politesse, transgression, abréviation, phonétique, smiley, orthographe, norme.
4. Parler, discuter, argumenter, affirmer, écouter, réfléchir, réagir, contredire, admettre, nuancer.
5. Se dévoiler, se confier, s'épancher, être sincère, mentir, s'exposer, se vanter, page personnelle, profil, narcissisme, altérité, identité.

6. Colporter, diffuser, divulguer, propager, créer le buzz, rumeur, information, qu'en-dira-t-on, réputation, cancans, ragots, marketing viral.
7. Intimité, anonymat, silence, protection de la vie privée, confidentialité, discrétion, secret, secrétaire (meuble), pudeur.
8. Vitesse, immédiateté, temps réel, spontanéité, retenue, réserve, atermoiement, procrastination [1].
9. Ami, association, coterie, cercle, club, communauté, forum de discussion, réseau social.
10. Élégance, préciosité, affectation, naturel, franchise, ostentation.

Qu'est-ce que la révolution numérique ?

Communiquer de manière numérique

Maître de conférences à l'Institut universitaire technologique d'Orléans, Olivier Chedeville explique ici ce que signifie le fait de communiquer de manière « numérique ».

La transmission d'une information d'une personne à une autre ou d'un point à un autre nécessite de recourir à un signal codé utilisable et compréhensible par son émetteur et son récepteur. Par exemple, lorsque deux personnes discutent, le signal est un ensemble de sons compréhensibles grâce à un code : le langage. Il existe deux types de signaux : les signaux analogiques et les signaux numériques.

Un signal analogique est un signal continu, c'est-à-dire qu'il peut prendre une infinité de valeurs. Pour revenir à l'exemple du langage, il existe une infinité de sons, de fréquences et d'intensités plus ou moins élevées. Le problème de ces signaux analogiques est

1. ***Procrastination*** : tendance à toujours remettre au lendemain une décision ou une action.

que la qualité de l'information qu'ils transportent est directement liée à la qualité du signal. Lorsque deux personnes conversent, une distance trop importante ou des bruits parasites peuvent entraîner une diminution de la qualité du signal (il devient inaudible pour le récepteur) et conduisent ainsi à une perte partielle ou totale de l'information transmise.

Voilà toute la différence avec les signaux numériques : ces derniers transportent l'information sous forme d'une succession de 0 et de 1, appelée « bit ». Cela suppose bien sûr un système de codage (il en existe plusieurs), qui fait correspondre à cette succession de bits l'information souhaitée. Par exemple, sur un clavier d'ordinateur, chaque lettre ou symbole correspond à une succession de 8 bits, appelée « octet ». Lorsqu'une touche de clavier est pressée, un signal sous forme d'octet est ainsi envoyé vers l'unité centrale capable de le comprendre et de l'utiliser. Le grand intérêt de ce type de signaux est que la qualité de l'information ne dépend pas de celle du signal : les bits correspondent physiquement à des grandeurs tolérant une marge d'erreur importante. L'information circule correctement même si le signal n'est pas parfait ou s'il est soumis à des perturbations extérieures. En fait, la qualité de l'information est directement liée au nombre de signaux : plus de bits peuvent être émis et reçus, plus l'information est dense. Le développement fulgurant des processeurs informatiques et des réseaux a ainsi été un support décisif au développement du numérique : les appareils sont capables de traiter dans des temps minimes des quantités d'information de plus en plus importantes et ont permis le transfert d'informations de plus en plus denses. Ceci a bien entendu conduit au développement rapide des moyens de communication : il y a quelques années l'e-mail apparaissait, et aujourd'hui il est extrêmement simple et courant de réaliser des visioconférences avec plusieurs participants à différents endroits du globe. Les signaux numériques sont ainsi à la base du fonctionnement de la plupart de nos moyens technologiques modernes de communication : la téléphonie (fixe, mobile, SMS, MMS), l'Internet (messagerie instantanée, e-mails, réseaux communautaires), la télévision (TNT, VOD) et la radio (podcast).

Une révolution numérique

En quoi cette mutation technologique peut-elle s'entendre comme une révolution ? C'est à cette question qu'a tenté de répondre le Sommet mondial sur la société de l'information, qui s'est tenu à Genève en 2003 et à Tunis en 2005.

La croissance rapide des technologies de l'information et de la communication et l'innovation dans les systèmes numériques sont à l'origine d'une révolution qui bouleverse radicalement nos modes de pensée, de comportement, de communication, de travail et de rémunération. Cette « révolution numérique » ouvre de nouvelles perspectives à la création du savoir, à l'éducation et la diffusion de l'information. Elle modifie en profondeur la façon dont les pays du monde gèrent leurs affaires commerciales et économiques, administrent la vie publique et conçoivent leur engagement politique. Elle permet de fournir rapidement une assistance humanitaire et des soins de santé, et d'envisager autrement la protection de l'environnement. Elle offre même de nouveaux débouchés à l'industrie des divertissements et des loisirs. L'accès à l'information et au savoir, qui est indispensable à la réalisation des objectifs de développement énoncés dans la *Déclaration du millénaire* [1], peut améliorer le niveau de vie de millions de personnes de par le monde. En outre, l'amélioration de la communication entre les peuples contribue à la résolution des conflits et à la réalisation de la paix mondiale.

© http://sommet.communautique.qc.ca/glossaire.php.

1. Qu'est-ce qu'un signal numérique ?
2. D'après le Sommet mondial sur la société de l'information, quels pourraient être les bienfaits du numérique ?

---

1. ***Déclaration du millénaire*** : déclaration de principes mise en place par le Sommet mondial sur la société de l'information et intitulée « Construire la société de l'information : un défi mondial pour le nouveau millénaire ». Énonçant les cadres d'une société de l'information équitable, elle a été adoptée le 12 décembre 2003 par des dirigeants du monde entier.

Les révolutions de la communication (le thème en schémas)

En quoi le numérique a-t-il affecté profondément et durablement notre manière de communiquer ?

En 1968, Roman Jakobson (p. 167) a schématisé la communication traditionnelle. Si les fonctions identifiées sont valables pour l'ensemble des modes de communication, ces derniers n'y recourent pas tous de la même manière et en modifient certaines. Ainsi, selon Ji Lee, tous les modes de communication ne mettent-ils pas en jeu le même degré d'intimité entre les locuteurs (p. 168). Par ailleurs, la révolution numérique affecte l'ensemble du globe mais s'envisage différemment selon que l'on s'intéresse à la répartition des serveurs hôtes dans le monde (p. 170), à l'évolution du nombre d'internautes (p. 171) ou aux langues les plus utilisées dans les échanges numériques (p. 172).

Le schéma de la communication selon Roman Jakobson

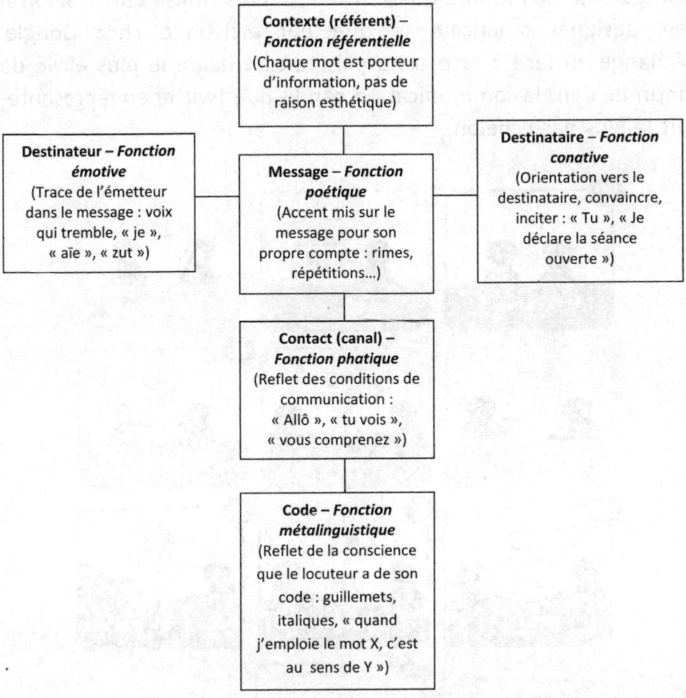

Extrait du site www.linguistes.com/langue/intro.htm

La communication numérique

Peut-on hiérarchiser les moyens de communication actuels en fonction du degré d'intimité qu'ils offrent à leurs utilisateurs ? Selon Ji Lee, designer américain et directeur artistique chez Google, l'échange en face à face correspondrait au degré le plus élevé de l'intimité dans la communication, tandis que Twitter en représenterait le plus bas échelon.

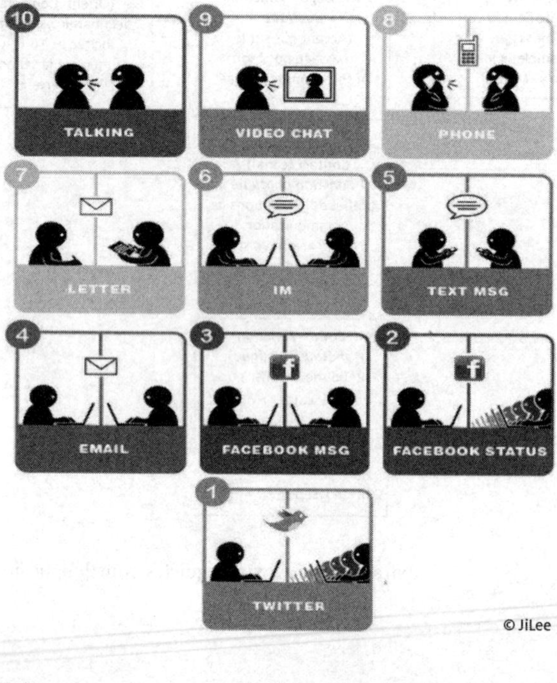

© JiLee

1. Twitter
2. Statut Facebook
3. Messages Facebook
4. E-mail
5. SMS
6. Messagerie instantanée
7. Lettre
8. Téléphone
9. *Chat* vidéo
10. Conversation courante, face-à-face

La révolution numérique en chiffres

Les documents réunis ci-après analysent : la répartition mondiale des serveurs hôtes[1] (p. 170) ; l'évolution du nombre d'internautes à travers le monde entre 2000 et 2010 (p. 171) ; les langues les plus utilisées sur Internet (p. 172).

1. ***Serveurs hôtes*** : serveurs qui hébergent les systèmes virtualisés.

La répartition mondiale des serveurs hôtes

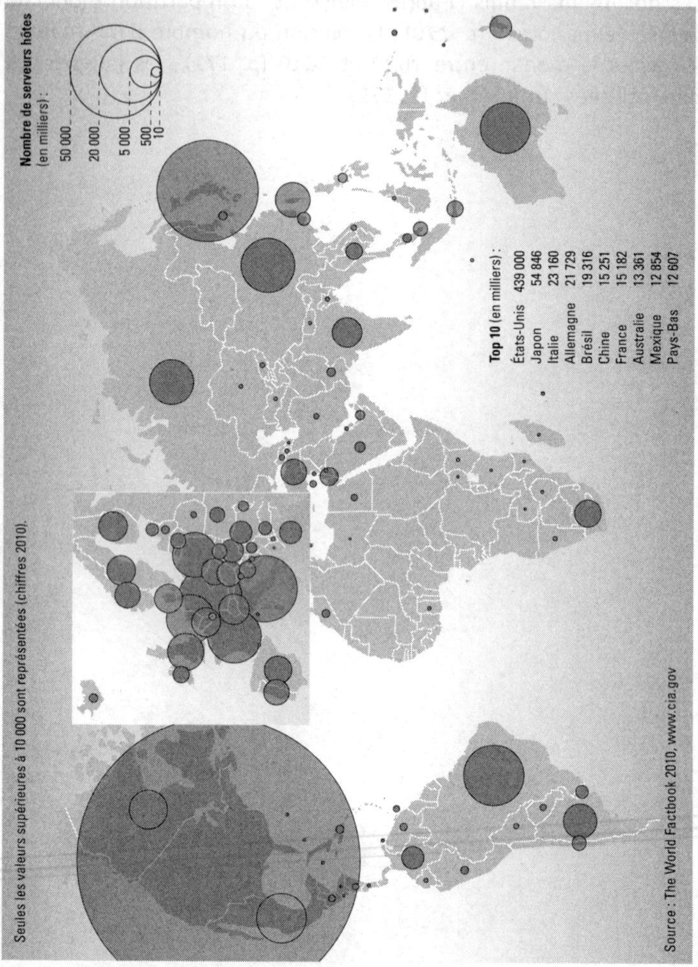

Réalisation : Roberto Gimeno et Atelier de cartographie de Science Po. © Dila, Paris, 2010

Évolution du nombre d'internautes (2000-2010)

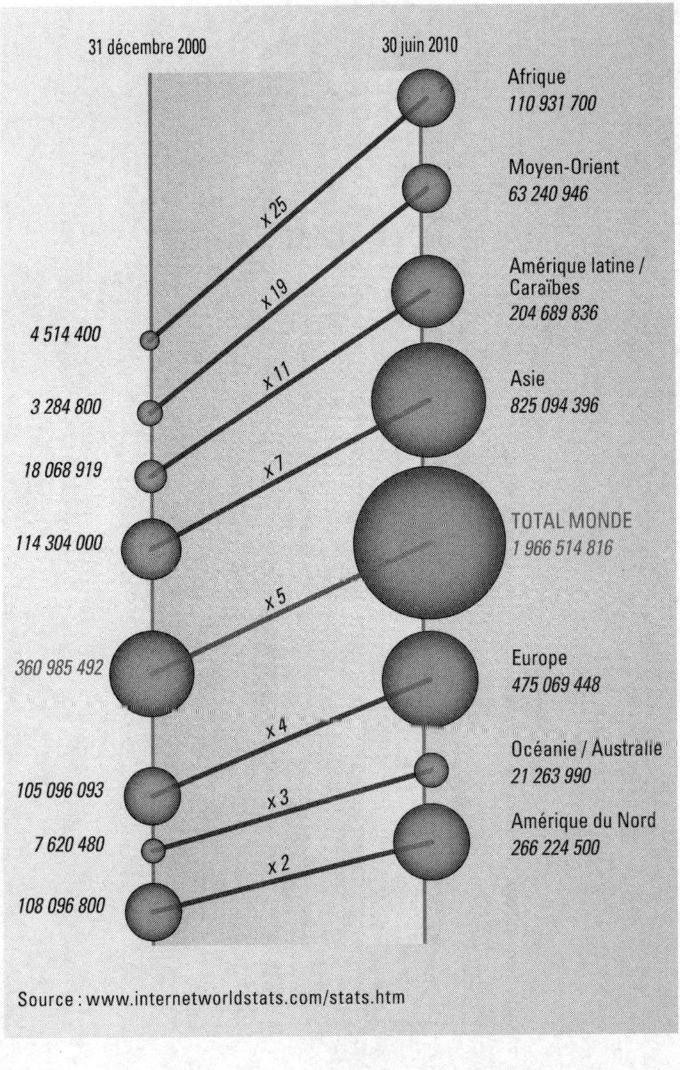

Réalisation : Roberto Gimeno et Atelier de cartographie de Sciences Po. © Dila, Paris, 2010

Les dix langues les plus utilisées sur Internet (2010)

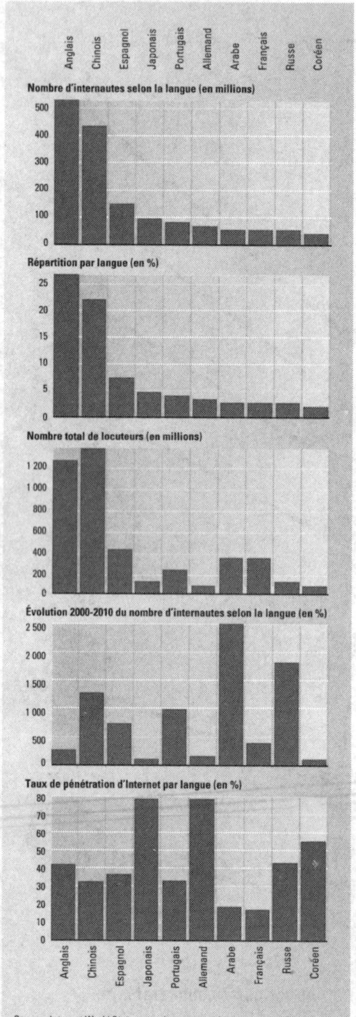

Source : Internet World Stats, www.internetworldstats.com/stats7.htm

Réalisation : Roberto Gimeno et Atelier de cartographie de Sciences Po. © Dila, Paris, 2010

Le thème en chansons

La révolution numérique affecte aussi le domaine musical. Internet offre non seulement aux musiciens une diffusion élargie de leurs œuvres, mais également de nouvelles perspectives créatrices : conçues à l'heure du numérique, les chansons peuvent même en refléter les enjeux. Ainsi, Renan Luce nous rappelle de manière ludique et romantique que, à l'heure du courrier électronique, la lettre n'est pas encore un objet de correspondance obsolète (ci-dessous). Avec « Thanks for the add [1] » (p. 175), Alexis HK questionne quant à lui l'éventuel affadissement de l'amitié dans les échanges numériques. À travers « Revolution.com », le groupe No one is innocent souligne enfin le problème de l'engagement politique dans un univers virtuel (p. 177). Ces artistes se font ainsi les miroirs de la génération numérique à laquelle ils appartiennent.

Renan Luce, « La lettre » (2008)

J'ai reçu une lettre
Il y a un mois peut-être
Arrivée par erreur
Maladresse de facteur
Aspergée de parfum
Rouge à lèvres carmin
J'aurais dû cette lettre
Ne pas l'ouvrir peut-être

Mais moi je suis un homme
Qui aime bien ce genre de jeu
(Je) veux bien qu'elle me nomme
Alphonse ou Fred, c'est comme elle veut

1. « Thanks for the add » est le message type que Facebook envoie à ses utilisateurs lorsque ces derniers acceptent de nouveaux amis sur leur réseau.

Des jolies marguerites
Sur le haut de ses « i »
Des courbes manuscrites
Comme dans les abbayes
Quelques fautes d'orthographe
Une légère dyslexie
Et en guise de paraphe
« Ta petite blonde sexy »

Et moi je suis un homme
Qui aime bien ce genre de jeu
(Je) n'aime pas les nonnes
Et j'en suis tombé amoureux

Elle écrit que dimanche
Elle s'ra sur la falaise
Où je l'ai prise par les hanches
Et que dans l'hypothèse
Où je n'aurais pas le tact
D'assumer mes ébats
Elle choisira l'impact
Trente mètres plus bas

Et moi je suis un homme
Qui aime bien ce genre d'enjeu
(Je) n'veux pas qu'elle s'assomme
Car j'en suis tombé amoureux

Grâce au cachet d'la poste
D'une ville sur la Manche
J'étais à l'avant-poste
Au matin du dimanche
L'endroit était désert
Il faudra être patient

Des blondes suicidaires
Il n'y en a pas cent

Et moi je suis un homme
Qui aime bien ce genre d'enjeu
(Je) veux battre Newton
Car j'en suis tombé amoureux

Elle surplombait la Manche
Quand je l'ai reconnue
J'ai saisi par la manche
Ma petite ingénue
Qui ne l'était pas tant
Au regard du profil
Qu'un petit habitant
Lui f'sait sous le nombril

Et moi je suis un homme
Qui aime bien ce genre d'enjeu
(Je) veux bien qu'il me nomme
Papa, s'il le veut !

« La lettre », *Repenti*. Paroles et musique : Renan Luce.
© Universal Music Publishing/Les Éditions repenties, 2005.

Alexis HK, « Thanks for the add » (2008)

Des amis j'en ai des tonnes
D'un peu partout
Genre des DOM-TOM
Et sur Myspace moi je tapote
Pour te demander
D'être mon pote,
TOM.

Un vrai copain, un vieux poto
Qui peut te dire que t'es pas beau,

Sur ta page.
Cette photo elle t'assassine.
On dirait que tu prends racine
Dans ton garage.

[Refrain]
Thanks for the add…
Si tu n'as pas d'amis.
Thanks for the add…
TOM est ton ami.

J'ai bien reçu ta *request*
Et je t'écris de la côte ouest, lol.
Des *friends* j'en ai
Par paquets de douze,
Dans les mégapoles
Et la brousse, lol.
J'ai Geneviève de Besançon,
Des gars connus dans la chanson,
Que je réchauffe pour l'hiver.
Ils comptent comme
On fait les cent pas,
Les commentaires toujours sympas,
J'aime beaucoup ton univers, mdr…

[Refrain]

Pour faire un barbec [1] avec toi,
Il faudrait louer le Canada,
TOM.
Et dans mes nuits
De gros chagrin

1. ***Barbec*** : barbecue.

Me feras-tu un vrai câlin,
TOM ?
Si t'es en manque de *females*,
Je t'enverrai des ribambelles
De spams de fesses et de nichons…
Grâce à toi, d'e-mail en e-mail,
De jouvencelle en jouvencelle,
Se propage cette chanson…

[Refrain]

Thanks for the add…
Tu n'as qu'un ami,
Thanks for the add…
Ce bon vieux TOMMY !
Thanks for the add…
Penses-y au cas où…
Thanks for the add…
Et merci pour l'ajout.

Thands for the add…
Penses-y au cas où…
Thanks for the add…
Et merci pour l'ajout…

« Thanks for the add », *Les Affranchis*, 2008.
Paroles et musique Alexis Djoshkounian/Renan Luce.
© Abacaba Éditions, Raoul Breton Éditions,
Universal Music Publishing/Les Éditions repenties.

No one is innocent, « Revolution.com » (2004)

On voudrait que ça gronde
Sans agiter ses ailes
Voici le nouveau monde
Des combattants virtuels

Welcome sur le forum
De revolution.com
De l'action par e-mail
Des pavés de pixels
La souris se déplace
Elle se bouge à ta place

[Refrain]
Revolution.com
Comme ça manque de sueur

On voudrait de l'air
De l'oxygène en stock
Et puis changer le monde
Sans changer l'univers
L'internationale
Piégée dans la toile
C'est quoi l'action par e-mail
Des molotovs sans cocktails
La souris se déplace
Elle se bouge à ta place

[Refrain]

Voici le nouveau monde
De l'action.com
La souris se déplace
Elle livre à ta place
Comme ça manque de sueur

[Refrain]

« Revolution.com », *Revolution.com*, AZ/Universal, 2004.
Paroles de Marc Gulbenkian et Emmanuel de Arriba. DR.

Sujets d'exposés

1. Les salons de conversation
2. L'idéal de l'honnête homme
3. Histoire de l'échange épistolaire
4. Paroles, échanges et conversations au théâtre
5. L'évolution des différents moyens de communication jusqu'au numérique
6. Naissance et mutations de l'Internet : de l'Arpanet au Web 2.0
7. Les nouvelles pratiques du livre (écriture et lecture) à l'ère du numérique (roman participatif, e-book, roman par mails, blogs...)
8. Les nouvelles technologies dans le cadre professionnel et leurs conséquences
9. Le développement du monde virtuel (Second Life, jeux en réseaux, coachs virtuels, gym en ligne...)
10. Les échanges numériques et la formation (scolaire, étudiante, continue...)
11. Le numérique et la législation (loi Hadopi)
12. L'amitié numérique et le phénomène Facebook (*The Social Network*)
13. De la séduction à la rupture grâce aux nouveaux moyens de communication
14. Le rôle des réseaux sociaux lors du printemps arabe
15. La politique et le numérique
16. L'information numérique : les grands sites, les critiques et les problématiques

Vers la synthèse de documents

Rappel de la méthodologie

Voir ci-contre.

Entraînement : sujets de synthèse de documents

1. L'art de converser

Documents pour la synthèse : La Rochefoucauld, *Réflexions diverses*, p. 13 ; Michel Marcoccia, « La politesse et le savoir communiquer sur Internet », p. 50 ; Yasmina Reza, *Le Dieu du carnage*, p. 19 ; iconographie : *La Cantatrice chauve*, p. 27.

2. Temps et échange

Documents pour la synthèse : Benoît Melançon, « Quelle différence avec la lettre ? Le fétichisme », p. 71 ; Cécile Wajsbrot, « Ainsi on attend LA lettre », p. 61 ; Marie Darrieussecq, « (Dé)connectée », p. 78 ; iconographie : *Les Liaisons dangereuses*, p. 2 de couverture.

3. Une redéfinition de l'amitié ?

Documents pour la synthèse : Hubert Guillaud, « Comprendre Facebook : le rôle social du bavardage », p. 111 ; Sophie Lehrm, « Mon "friend" est-il mon ami ? », p. 129 ; Alexis HK, « Thanks for the add », p. 175 ; iconographie : affiche du film *The Social Network*, cahier photos.

4. Amours classiques ou numériques ?

Documents pour la synthèse : Julia Vergely, « De la difficulté de la rupture amoureuse à l'ère des réseaux sociaux », p. 115 ; Pascal Lardellier, *Le Cœur Net : célibat et amours sur le Web*, p. 97 ; Albert Cohen, *Belle du Seigneur*, p. 38 ; iconographie : « Touch Love », cahier photos.

Fiche méthode

[Introduction]

✓ J'introduis en donnant le thème commun aux documents.

✓ Je poursuis en présentant brièvement ces documents : titre, auteur, date, genre et thèse principale.

✓ Je formule, sous forme de question, la problématique que soulèvent ces documents.

✓ J'annonce le plan de ma synthèse : deux ou trois parties articulées logiquement.

[Développement]

✓ Je propose un plan cohérent en articulant parties (au moins deux) et sous-parties (au moins deux).

✓ J'annonce la logique de ma partie dans une phrase clairement détachée.

✓ J'exploite tous les documents en les identifiant de manière distincte.

✓ Je reprends les idées principales des textes, sans en omettre ou en ajouter.

✓ Je ne fais aucun commentaire personnel.

✓ Je résume les idées en reformulant et en évitant les citations (pas plus de quatre pages pour la synthèse).

✓ Je compose chaque paragraphe avec rigueur : marqué par un alinéa, un paragraphe comprend une idée directrice, une confrontation d'au moins deux documents autour de cette idée et une phrase de transition.

[Conclusion]

✓ Je présente un bilan de ma synthèse.

✓ Je propose une ouverture qui élargit le débat.

[Pour l'ensemble]

✓ Je vérifie que tout mon travail est bien rédigé (pas de puces, tirets...) et bien présenté.

✓ Je me relis en portant mon attention sur la syntaxe, la concision du propos, la ponctuation, l'orthographe et la grammaire, l'insertion des citations et le vocabulaire choisi.

5. Du salon au forum

Documents pour la synthèse : Proust, *Du côté de chez Swann*, p. 82 ; François Flahault, « Une manière d'être à plusieurs », p. 17 ; Marcienne Martin, *Le Langage sur Internet, un savoir-faire ancien numérisé*, p. 86 ; iconographie : Chauveau, *Une ruelle*, p. 85.

6. Engagement réel ou virtuel

Documents pour la synthèse : Pierre Mercklé, *Sociologie des réseaux sociaux*, p. 122 ; Fabien Granjon, « Le Web fait-il les révolutions ? », p. 125 ; No one is innocent, « Revolution.com », p. 177 ; iconographie : illustration de David Fitzsimmons, cahier photos.

7. Information numérique et légitimité de la parole

Documents pour la synthèse : entretien avec Oliver Bomsel, p. 144 ; Dominique Cardon, « Vertus démocratiques de l'Internet », p. 150 ; Yves Eudes, « Un blogueur peut en cacher un autre », p. 146 ; iconographie : dessin de MalinGrëy, p. 141.

8. Échange numérique et échange réel

Documents pour la synthèse : Philippe Breton, « Internet : une fausse révolution ? », p. 89 ; Pascal Lardellier, *Le Cœur Net : célibat et amours sur le Web*, p. 97 ; Isaac Asimov, *Face aux dieux du soleil*, p. 92 ; iconographie : affiche de *Vous avez un message*, cahier photos.

9. Une bouteille à la mer

Documents pour la synthèse : Renan Luce, « La lettre », p. 173 ; Pascal Lardellier, « Textos : la novlangue du cœur », p. 54 ; Marc Escola, « Cliquez, c'est posté », p. 74 ; iconographie : Danloux, *Jean-François de La Marche*, p. 63.

Vers l'écriture personnelle

Rappel de la méthodologie

Voir page suivante.

Entraînement : sujets d'écriture personnelle

En prenant appui sur la fiche méthodologique p. 184, commentez ces phrases ou répondez aux questions qui suivent :

1. « Cependant les douces paroles / Ont encor plus de force, et sont d'un plus grand prix » (Charles Perrault).
2. Indépendamment de voies qu'ils empruntent, les échanges peuvent-ils être efficaces ?
3. « La conversation est un jeu de sécateur, où chacun taille la voix du voisin aussitôt qu'elle pousse » (Jules Renard). Selon vous, cette citation pourrait-elle caractériser les échanges numériques ?
4. « Seules les paroles comptent, le reste est bavardage » (Eugène Ionesco).
5. Selon vous, l'échange est-il plus efficace à l'écrit ou à l'oral ?
6. « Toute révolution est à la fois une rupture avec la tradition et une utilisation de cette tradition » (Georges Vedel). Cette citation vous semble-t-elle pouvoir s'appliquer aux nouveaux modes de communication ?
7. Le numérique a-t-il induit une révolution, ou une évolution des codes de la communication ?
8. Les nouvelles modalités des échanges transforment-elles la valeur de la parole ?
9. Peut-on encore prendre son temps dans l'échange numérique ?
10. La rapidité des nouveaux moyens de communication ne présente-t-elle que des avantages ?
11. Le numérique a-t-il modifié notre rapport au temps ?
12. La relation virtuelle transforme-t-elle notre conception de la conversation et de l'échange ?
13. La relation virtuelle est-elle une vraie relation ?

Fiche méthode

[Introduction]

✓ J'introduis le sujet.

✓ Je présente la question en la reformulant si nécessaire. S'il s'agit d'une citation, je la recopie entre guillemets et présente la question qu'elle soulève.

✓ J'annonce mon plan.

[Développement]

✓ Je propose un plan cohérent en articulant parties (au moins deux) et sous-parties (au moins deux) autour de mon point de vue personnel sur le sujet.

✓ J'annonce la logique de ma partie dans une phrase clairement détachée.

✓ Je compose chaque paragraphe avec rigueur : marqué par un alinéa, un paragraphe comprend une idée directrice, au moins deux exemples de culture générale exploités pour défendre cette idée et une phrase de transition.

✓ Je vérifie la pertinence de mes arguments et de mes références ainsi que leur variété.

[Conclusion]

✓ Je propose un bilan de ma synthèse en donnant une réponse personnelle (j'utilise le « je »).

✓ J'élargis le thème en le reliant à une question de société.

[Pour l'ensemble]

✓ Je vérifie que tout mon travail est bien rédigé (pas de puces, tirets...) et bien présenté.

✓ Je me relis en portant mon attention sur la syntaxe, la concision du propos, la ponctuation, l'orthographe et la grammaire, l'insertion des citations et le vocabulaire choisi.

14. Le numérique offre-t-il la possibilité de relations sans entraves ?

15. Le numérique met-il fin à la vie privée ?

16. Les nouvelles modalités des échanges conversationnels prolongent-elles ou bouleversent-elles la manière dont nous nous construisons ?

17. Aujourd'hui, quel est l'impact des nouvelles technologies sur les relations humaines ?

18. Les réseaux sociaux facilitent-ils ou limitent-ils les relations entre individus ?

19. Les nouveaux moyens de communication fragilisent-ils les relations humaines ou au contraire les prolongent-ils ?

20. Actuellement, l'apprentissage de la citoyenneté passe-t-il par les nouveaux moyens de communication ?

21. « L'action met les ardeurs en œuvre. Mais c'est la parole qui les suscite » (Charles de Gaulle). En quoi le numérique influe-t-il sur nos actions ?

22. L'engagement numérique est-il efficace ?

23. Le numérique propose-t-il un nouveau mode d'action sur le monde et dans le monde ?

24. Le numérique signe-t-il la fin du journalisme professionnel ?

25. Internet permet-il selon vous d'informer ou de communiquer ?

26. Les nouveaux moyens de communication rendent-ils l'information moins fiable ?

27. Le numérique redéfinit-il les conditions de légitimité de la parole ?

Lecture de l'image

Observez le document « Enfin une révolution cool » (cahier photos) et répondez aux questions suivantes :

1. Quel symbole politique cette image détourne-t-elle ?
2. Quel élément la souris remplace-t-elle ? Quelle est la signification originelle de cet élément ? de la faucille ? et de leur association ?
3. Comment interpréter l'union de la faucille et de la souris ?
4. En quoi les couleurs et le lettrage font-ils référence à un esthétisme « révolutionnaire » ?
5. Quel est l'idéal commun entre la révolution numérique et les différentes révolutions qui se sont succédé dans l'histoire ?
6. Initialement, ce document était accompagné de ce commentaire du journaliste Thierry Keller : « Les hackers sont en train de réussir là où les marxistes avaient échoué : bâtir une société fondée sur le partage. À tout point de vue, cette révolution est vraiment plus sympa que la précédente. » Quelle différence majeure suggère ce commentaire entre la révolution numérique et les révolutions passées ?
7. D'après les textes de cette anthologie, comment cette révolution se réalise-t-elle ?
8. Après avoir lu les textes de ce volume, pouvez-vous citer le nom de personnes qui ont joué le rôle d'avant-gardes dans la révolution numérique ?
9. Inventez une devise pour accompagner le nouveau drapeau révolutionnaire que suggère ce document.

Notes et citations

Dernières parutions

ALAIN-FOURNIER
Le Grand Meaulnes (353)

ANOUILH
La Grotte (324)

ASIMOV
Le Club des Veufs noirs (314)

BALZAC
Le Père Goriot (349)

BAUDELAIRE
Les Fleurs du mal – *Nouvelle édition* (115)

BAUM (L. FRANK)
Le Magicien d'Oz (315)

BEAUMARCHAIS
Le Mariage de Figaro (354)

BORDAGE (PIERRE)
Nouvelle vie™ et autres récits (373)

CARRIÈRE (JEAN-CLAUDE)
La Controverse de Valladolid (164)

CATHRINE (ARNAUD)
Les Yeux secs (362)

CERVANTÈS
Don Quichotte (234)

« C'EST À CE PRIX QUE VOUS MANGEZ DU SUCRE... » Les discours sur l'esclavage d'Aristote à Césaire (187)

CHEDID (ANDRÉE)
Le Message (310)
Le Sixième Jour (372)

CHRÉTIEN DE TROYES
Lancelot ou le Chevalier de la charrette (116)
Perceval ou le Conte du graal (88)
Yvain ou le Chevalier au lion (66)

CLAUDEL (PHILIPPE)
Les Confidents et autres nouvelles (246)

COLETTE
Le Blé en herbe (257)

COLIN (FABRICE)
Projet oXatan (327)

CONTES DE SORCIÈRES
Anthologie (331)

CONTES DE VAMPIRES
Anthologie (355)

CORNEILLE
Le Cid – *Nouvelle édition* (18)

DIDEROT
Entretien d'un père avec ses enfants (361)

DUMAS
Pauline (233)

FENWICK (JEAN-NOËL)
Les Palmes de M. Schutz (373)

FEYDEAU-LABICHE
Deux courtes pièces autour du mariage (356)

GARCIN (CHRISTIAN)
Vies volées (346)

GRUMBERG (JEAN-CLAUDE)
L'Atelier (196)
Zone libre (357)

HIGGINS (COLIN)
Harold et Maude – *Adaptation de Jean-Claude Carrière* (343)

HOBB (ROBIN)
Retour au pays (338)

HUGO
L'Intervention, *suivie de* La Grand'mère (365)

KAPUŚCIŃSKI
Autoportrait d'un reporter (360)

LA FONTAINE
Fables – *lycée* (367)
Le Corbeau et le Renard et autres fables – *collège* (319)

LAROUI (FOUAD)
L'Oued et le Consul et autres nouvelles (239)

LONDON (JACK)
L'Appel de la forêt (358)

MARIVAUX
La Double Inconstance (336)
L'Île des esclaves (332)

MAUPASSANT
Le Horla (11)
Le Papa de Simon (4)
Toine et autres contes normands (312)

MÉRIMÉE
La Vénus d'Ille – *Nouvelle édition* (348)

MIANO (LÉONORA)
Afropean Soul et autres nouvelles (326)

MOLIÈRE
L'Amour médecin. Le Sicilien ou l'Amour peintre (342)
L'Avare – *Nouvelle édition* (12)
Le Bourgeois gentilhomme – *Nouvelle édition* (352)
Dom Juan (329)
Les Fourberies de Scapin – *Nouvelle édition* (337)
Le Médecin malgré lui – *Nouvelle édition* (370)
Le Médecin volant. La Jalousie du Barbouillé (242)
Le Misanthrope (366)
Le Tartuffe (350)

NOUVELLES FANTASTIQUES 2
Je suis d'ailleurs et autres récits (235)

PERRAULT
Contes – *Nouvelle édition* (65)

PRÉVOST
Manon Lescaut (309)

RACINE
Phèdre (351)

RÉCITS POUR AUJOURD'HUI
17 fables et apologues contemporains (345)

LE ROMAN DE RENART – *Nouvelle édition* (335)

ROUSSEAU
Les Confessions (238)

SCÈNES DE LA VIE CONJUGALE
Le couple au théâtre, de Shakespeare à Yasmina Reza (328)

STENDHAL
L'Abbesse de Castro (339)

STOKER
Dracula (188)

LES TEXTES FONDATEURS
Anthologie (340)

TROIS CONTES PHILOSOPHIQUES
(Diderot, Saint-Lambert, Voltaire, 311)

VERLAINE
Fêtes galantes, Romances sans paroles *précédées de* Poèmes saturniens (368)

VOLTAIRE
Candide – *Nouvelle édition* (78)

WESTLAKE (DONALD)
Le Couperet (248)

ZOLA
Comment on meurt (369)
Jacques Damour (363)
Thérèse Raquin (322)

Mise en page par Meta-systems
59100 Roubaix

N° d'édition : L.01EHRN000302.C002
Dépôt légal : août 2012

Achevé d'imprimer en Italie
par Grafica Veneta S.p.A.